Walter Jens
Kanzel und Katheder

Walter Jens

Kanzel und Katheder

Reden

verlegt bei Kindler

Umschlaggestaltung: Hans Numberger
Satzarbeiten: Compusatz GmbH, München
Druck und Verarbeitung: Freiburger Graphische Betriebe, Freiburg
Printed in Germany
8-1-5-9-4
ISBN 3-463-00886-6

Inhalt

Vorwort

> ... glaubhafte Bilder, die den Betrachter, als ob er dabei sei, in die Geschehnisse hineinversetzen
>
> *Quintilian*

Die in diesem Band zusammengestellten politischen, literarischen und geistlichen Reden, in ihrer Mehrzahl auf Kanzeln und Kathedern beider deutschen Staaten gehalten, in der Rostocker Aula oder dem Tübinger Festsaal, in einer Hannoverschen Messehalle oder einer Magdeburger Kirche, in einem Greifswalder Auditorium, einer Berliner Akademie oder in Luthers Augustinerkloster zu Wittenberg: Sie alle, die Proklamationen, Gedenkansprachen oder Predigten, haben das gemeinsame Ziel, die behandelten Gegenstände von unten aus zu betrachten, aus der Perspektive der Besiegten und Vergessenen – von Kreuz und Fleisch aus also und nicht, mit Hilfe planetarischen Überblicks, aus der Sicht der frommen oder unfrommen Macht.

So betrachtet handelt es sich bei den zehn Reden um eine Sammlung von moralischen Meditationen: Erinnerungen an verschüttete, aber auf die Dauer unverzichtbare Traditionen sollen geweckt, Namen – wie Gervinus, Riesser oder, immer wieder, Virchow – im Zusammenhang einer vom Gedanken allgemeiner Emanzipation bestimmten Geschichte nachdrücklich akzentuiert, Schriften, die, wie Herders »Sieben Gedanken der großen Friedensfrau«, in jedes republikanische Lesebuch gehörten, wieder ins Bewußtsein gehoben werden. In jedem Fall kam's darauf an, historisch festgelegte Figuren in neuer Beleuchtung erscheinen zu lassen: Darum die Evokation des »armen« Jesus oder die Vorstellung des Humanisten, Rhetors und Dichters in nürnbergisch-behutsamer Weise, Martin Luther; darum das Zwiegespräch mit unserem Zeitgenossen Kierkegaard, darum schließlich auch die mehrfache

Inszenierung eines imaginären Gesprächs, in dessen Verlauf Poeten, Philosophen und Theologen aus vielen Jahrhunderten, um ein gemeinsames Thema bemüht, Möglichkeiten humanen Miteinanders sichtbar machen, das von einer Wirklichkeit, in der Isolierten ihr unverrückbarer Platz angewiesen ist, verhindert wird.

Spiel und Kombinationslust, Spaß bei der Entwicklung ungewöhnlicher Synopsen, auch provokantes Zusammenbenennen von Gegensätzlichkeiten, die à la Hegel aufzuheben mehr als Gedankenspiel (vielmehr Nachweis mancher verborgenen *concordia discors*) ist: All das, steht zu hoffen, mag den vorliegenden Reden auch in gedruckter Form ihren appellativen, zu Applaus und Widerspruch reizenden Charakter belassen und jene Evidenz, im Sinne von leibhaftig-plastischer Erscheinung der charakterisierten Personen und Probleme, zumindest indirekt aufleuchten lassen, die zu realisieren immer noch das höchste Ziel des Rhetors ist: Da, schaut her, so ist es gewesen unter dem Kreuz; so haben sie gelebt, die Juden in Deutschland; so würde er reden, der Reformator, wenn er, der große Polterer, der sich auf die sanftesten Töne verstand, die zu seinen Ehren gehaltene Festansprache unterbräche.

Sich nicht selbst vorzudrängen, sondern die anderen und Größeren durch Zitat, plastische Benennung und die Einfügung in einen hier konkreten, dort imaginären Zusammenhang zum Reden zu bringen, ist die eigentliche Absicht dieser Verlautbarungen vom Katheder und der Kanzel herab. Die rhetorisch-moralischen Meditationen verstehen sich als Bemühungen, zur Verlebendigung des Historischen beizutragen, indem sie, wie es im literarischen Totengespräch geschieht, Objekte gelehrter Bemühung wieder in Menschen aus Fleisch und Blut zu verwandeln und akademischen Problemen die Aktualität zeitgenössischer Debatten zu geben versuchen – beides getreu dem rhetorischen Postulat, das da lautet: Aufgabe des Redners ist es, sich selbst und sein Publikum in die Lage von Augenzeugen zu versetzen.

Tübingen, 1. Juni 1984 *Walter Jens*

Geist und Macht

Literatur und Politik in Deutschland

»Solange die Sonne am Firmamente steht und die Planeten um sie herumkreisen, war das nicht gesehen worden, daß der Mensch sich auf den Kopf, d. i. auf den Gedanken stellt und die Wirklichkeit nach diesem erbaut... Jetzt endlich ist der Mensch dazu gekommen zu erkennen, daß der Gedanke die geistige Wirklichkeit regieren solle. Es war dies somit ein herrlicher Sonnenaufgang. Alle denkenden Wesen haben diese Epoche (der Französischen Revolution) mitgefeiert. Eine erhabene Rührung hat in jener Zeit geherrscht, ein Enthusiasmus des Geistes... die Welt durchschauert, als sei es zur wirklichen Versöhnung des Göttlichen mit der Welt nun erst gekommen«: Mit diesen Sätzen beschwor, aus jener Perspektive von Abstand und Am-andern-Ufer-Sein, die gleichwohl der entzückten Begeisterung des Redenden nicht abträglich ist: denn gestern war er dabei, an der Tête!... mit diesen Worten beschwor ein Berliner Professor, Georg Friedrich Wilhelm Hegel, zwischen 1822 und 1831 in einem fünfmal gelesenen Kolleg über Philosophie der Weltgeschichte den Geist jener großen bürgerlichen Revolution, die ihre erste – und entscheidende! – Anregung durch die »Weltweisheit« gewonnen habe.

Gedanke und Realität, Kultur und Politik miteinander verschwistert; die Philosophie der Aufklärung als Prämisse einer Radikal-Veränderung von Politik: Jawohl, das war noch einmal der Geist Robespierres, den Hegel ein Menschenalter nach dem neunten Thermidor, Juli 1794, beschwor (»Das Einleitungskapitel der Revolution« hatte Robespierre die Enzyklopädie, das Werk d'Alemberts, genannt); das war der

Glaube, daß die Politiker, nach 1789, ausgeführt hätten, was ihnen von Poeten, Pädagogen und Philosophen vorausgeträumt worden sei: die Literaten – Geburtshelfer der Anwälte politischer Praxis! (»Maximilian Robespierre«, rief Heine in seinem Traktat über Religion und Philosophie den »stolzen Gedankenmännern« zu, »war nichts als die Hand von Jean Jacques Rousseau, die blutige Hand, die aus dem Schoße der Zeit den Leib hervorzog, dessen Seele Rousseau geschaffen hat.«)

Ein halbes Jahrhundert lang, bis hin zur Revolution von 1848, klingt nach, wird verklärt, sieht sich in feierlicher Rede evoziert und als »vergangen«, aber »wiederholbar«, »verloren« und zugleich »unverlierbar« beschworen, was einmal leuchtende Gegenwart war. Kein Zufall, daß selbst in den Versen des entschiedensten Gegners, den die Französische Revolution (sieht man von Justus Möser ab) unter Deutschlands Schriftstellern hatte: in Goethes Hexametern die Begeisterung nachklingt, der Enthusiasmus und die verwegene Hoffnung, von der die europäische Intelligenz, und die deutsche voran, im Zeichen einer der Aufklärung verpflichteten Politik ergriffen wurde: »Denn wer leugnet es wohl«, heißt es im 6. Gesang von »Hermann und Dorothea«: mitten in der Beschreibung des Emigranten-Elends – also auch hier aus der Position des Anders- und Besser-Wissens, einer Kenntnis der Folgen, heraus! –, »denn wer leugnet es wohl, daß hoch sich das Herz ihm erhoben, ihm die freiere Brust mit reineren Pulsen geschlagen, als sich der erste Glanz der neuen Sonne heranhob (»Sonne«: bei Hegel wie bei Goethe!), als man hörte vom Rechte der Menschen, das allen gemein sei, von der begeisternden Freiheit und von der löblichen Gleichheit... Schauten nicht alle Völker in jenen drängenden Tagen nach der Hauptstadt der Welt, die es schon lange gewesen und jetzt mehr als je den herrlichen Namen verdiente?... Wuchs nicht jeglichem Menschen der Mut und der Geist und die Sprache?«

Geschrieben 1797 – zu einer Zeit also, da die *wundersamen großen und schrecklichen* Begebenheiten – so ein Topos der Lite-

ratur – längst verblaßt waren: Vorbei die Zeit zwischen Bastille-Sturm und Hinrichtung der königlichen Familie, da deutsche Paris-Reisende die Revolution wie ein erhabenes Theaterstück analysierten, ein auf den Straßen gespieltes Shakespeare-Drama, dessen Held das Volk war. Vergangen, vorbei: der Aufstand der Massen – in Paris gescheitert und in Deutschland – nie mehr als ein Traum!
Je elementarer sich die Revolution, von Mirabeau bis Robespierre, radikalisierte, je stärker Deutschland durch den Koalitionskrieg betroffen wurde – Goethes »Campagne in Frankreich«, »Die Belagerung von Mainz«! –, je unmittelbarer die Intellektuellen diesseits des Rheins, in unmittelbarer Auseinandersetzung mit der Revolutionsmacht, »Jakobinismus« und »Sansculottentum« in concreto erlebten, desto stärker sahen sie sich genötigt, den Unterschied zwischen deutschen und französischen Verhältnissen zu akzentuieren und, mit einem am Pariser Gegen-Bild geschulten Blick, die Misere des eigenen Landes mit seinen – so Marx – »gewesenen Ständen und ungeborenen Klassen« ins Blickfeld zu rücken: das Elend einer zerstückelten Nation, in der das Bürgertum ohnmächtig, die Bauernschaft isoliert und die Intelligenz gedemütigt waren: Deutschland – ein territorialstaatlicher Club, in dem, wie es das Testament eines württembergischen Regenten belegt, Untertanen neben Pferden, Schafen und Gehölzen als »Zubehör« von Burgen, Schlössern, Festungen aufgeführt wurden; Deutschland – ein adeliger Herrschaftsbereich, in dem ein Hochwohlmögender von Stand und Geblüt es sich leisten konnte, einen Schornsteinfeger vom Dach herunterzuschießen, um seiner Maîtresse, die »so einen Kerl« gern mal herabpurzeln sehen wollte, eine bescheidene Freude zu machen. (Die Witwe des Ermordeten wurde dafür mit fünf Gulden »entschädigt«.)
Deutschland im Zeitalter der Französischen Revolution: Das war ein zersplittertes, aus Duodezfürstentümern bestehendes Reich, dessen Schriftsteller, anders als ihre französischen Kollegen mit ihrer mächtigen Presse in der Metropole, allenfalls in praxisfernen Provinzzirkeln bescheidenen Einfluß ge-

wannen, in literarischen Salons, Logen, Clubs und, mit Einschränkungen, auf dem Theater: Kein Wunder, daß die politischen Programme der vielfach Disziplinierten – Schubart: eingekerkert; Fichte: entlassen wegen »Propaganda für Demokratie und Revolution« –, kein Wunder, daß die Programme der Schriftsteller eher auf eine Reform von oben als eine Revolution von unten abzielten. Nicht durch die Gewalt der Straße, sondern durch Erziehung und Bildung lautete nach 1792 die Generalthese der »Mehrheitsfraktion« in den Kreisen der deutschen Intelligenz, nicht durch ökonomisch-soziale Umwälzung, sondern durch Erziehung und Bildung der Allgemeinheit, der Fürsten voran, werde sich, befördert von Angehörigen der deutschen Gelehrtenrepublik, die den Postulaten der Aufklärung treu zu bleiben gedächten, jene Reform des öffentlichen Lebens ermöglichen lassen, die, wie das Terreur-Regiment der Jakobiner beweise, die Revolution verhindere. Kein Zweifel: Wenn es – nehmen wir die Mainzer Jakobiner aus – am Ende des 18. Jahrhunderts in Deutschland ein von der literarischen Intelligenz geprägtes Gesellschaftsmodell gab, dann war es die Vorstellung der durch ein aufgeklärtes Regiment gewährleisteten *concordia omnium* in einem Land, dem – gottlob, hieß es – Klassengegensätze wie in Frankreich fehlten. Einerlei, ob so unterschiedliche politische Temperamente wie Jean Paul oder Humboldt, Hardenberg oder Kant die *Reform von oben* als einzige Möglichkeit beschworen, die Revolution zu verhindern – einerlei, ob selbst ein dezidierter Republikaner wie Georg Friedrich Rebmann (mitsamt seinem Blick aufs Mainzerische: das jakobinische Deutschland) die These vertrat, daß bei garantierter Gedanken- und Pressefreiheit »die Demokratie um den Thron blühe« –, in jedem Fall ging es, in Übereinstimmung mit reformabsolutistischen Zielen, darum, den – zur Humanität erzogenen – aufgeklärten Monarchen (der halb idealisierter pater familias, halb Gottvater im Duodezformat war) als Bewahrer und Erneuerer einer auf Versöhnung widerstreitender Interessen abzielenden Gemeinschaft zu apostrophieren.

Und trotzdem, über Jahrzehnte hinweg, der Traum vom

August 1789! Trotzdem das nie endende Vivat auf den Bastille-Sturm! Trotzdem der Glaube, die Revolution könne nachgeholt werden – und zwar in Deutschland: im Bereich der Literatur und Philosophie.
Französische Praxis: aufgehoben und in ihrer Intention, eine *absolute* Umwälzung im Sozialen so gut wie im Geistigen zu bewirken, überboten durch die deutsche Theorie! »Kantische, Fichtesche und Schellingsche Philosophie« – noch einmal ein Blick in Hegels Berliner Hörsaal! –, »in diesen Philosophien ist die Revolution in der höchsten Form des Gedankens niedergelegt und ausgesprochen, zu welcher der Geist in der letzten Zeit in Deutschland fortgeschritten ist. An dieser Epoche haben nur zwei Völker teilgenommen, das deutsche und das französische.«
Revolution in der philosophisch-literarischen Welt als eine auf höherer Stufe durchgeführte – gut Musilsche – Parallel-Aktion zur gesellschaftsverändernden Revolte in Frankreich, dienlich, das Praktischwerden der Vernunft in einem aufgeklärten Gemeinwesen, halb preußisch-fritzisch, halb nach Weimaraner Maß, zu befördern: Diese *geistige Revolution* war das große Gesprächsthema der deutschen Literatur in der Epoche zwischen Goethe und Heine.
Säßen sie, zurückverwandelt in Figuren aus Fleisch und Blut, hier vor uns auf dem Podium, Hegel und Kant, Goethe und Schiller, Heine und Hölderlin, Humboldt, Börne e tutti quanti: wir dürfen gewiß sein, daß zwischen denen aus Mainz und Königsberg, Weimar und Altona binnen kurzem eine erbitterte Debatte über das Thema Nummer eins begänne – eine Debatte, die von einem sehr weit rechts postierten Mann eröffnet würde, der unverzüglich daranginge, sein Literatur-Programm zu interpretieren – das folgenreichste Kunst-Papier, das es in Deutschland je gegeben hat.
Literatur, ließe der rechte Flügelmann, Johann Wolfgang von Goethe, erklären – Literatur als die große Sitten- und Humanitätsförderin habe die Aufgabe, das Politische zu transzendieren und, jenseits des tristen Hic et Nunc, das Menschliche in seine Rechte zu setzen. (»Dass alles aufhört politisch zu

seyn und bloß menschlich wird«: Goethes Diktum, das »Wallenstein«-Finale betreffend, war ihm das höchste Lob, das einem Kunstwerk zuteil werden konnte.)

Politisch: ein Negativ-Wort. *Politik*: ein gefährliches Feld, bedrohlich für den einzelnen durch Außen-Anforderungen und darum von jenem Bezirk des Geistigen abzusondern, in dem allein Kultur, als »Reich der Freiheit«, realisiert werden könne: Das Enthobensein von Zwängen und Zwecken – so das Kunst-Programm der Weimaraner Klassik –, die nachdrücklich erklärte Neutralität des Poeten in Fragen des politischen Alltags, Abstinenz in praxi und – ein Wort von Herder – »aesthetische Selbstgenügsamkeit« seien Voraussetzungen, daß Humanität sich gegen Politik durchsetzen könne: »Je mehr das beschränkte Interesse der Gegenwart die Gemüther in Spannung setzt«, schrieb Schiller – immerhin Ehrenbürger der Französischen Revolution – in der Einleitung zu der von ihm edierten Zeitschrift »Die Horen«... »je mehr das beschränkte Interesse der Gegenwart die Gemüther in Spannung setzt, einengt und unterjocht, desto dringender wird das Bedürfnis, durch ein allgemeines und höheres Interesse an dem, was *rein menschlich und über allen Einfluß der Zeit erhaben* ist, die politisch geteilte Welt unter der Fahne der Wahrheit und Schönheit wieder zu vereinigen.«

Roma locuta – causa finita? Die Debatte um die deutsche, der révolution française Widerpart bietende Parallel-Aktion: durch einen Richtspruch aus Weimar entschieden? Keineswegs. »Liebe Kinder! Still! Nur nichts Politisches! Das mag er nicht!«: Die Bitte des Reichsfreiherrn vom und zum Stein, geäußert während einer Rheinfahrt, 1815, gegenüber Goethes Begleitung, trifft, allzu salopp, nicht den Kern des Problems. Wäre sie nämlich gelungen, die Französische Revolution: gelungen im Sinne der Übereinstimmung von aufklärerischer Theorie und Politik, dann, dies hat Schiller nachdrücklich in einem Brief vom Juli 1793 an den Herzog von Augustenburg statuiert: dann Valet, ihr Künste! Valet, da durch die Revolution im Hier und Jetzt Verstand, Herz, Phantasie und Gesittung der Menschen umgedreht worden wären – umgedreht in

jenem republikanischen Freiheitsstaat, der den Notstaat des entarteten Feudalismus zum Gespött gemacht hatte!
»Wäre das Faktum wahr«, schreibt Schiller, »wäre der außerordentliche Fall wirklich eingetreten, daß die politische Gesetzgebung der Vernunft übertragen, der Mensch als Selbstzweck respektiert und behandelt, das Gesetz auf den Thron gehoben und wahre Freiheit zur Grundlage des Staatsgebäudes gemacht worden, so wollte ich auf ewig von den Musen Abschied nehmen und dem herrlichsten aller Kunstwerke, der Monarchie der Vernunft, alle meine Thätigkeit widmen. Aber dieses Faktum ist es eben, was ich zu bezweifeln wage. Ja, ich bin so weit entfernt, an den Anfang einer Regeneration im Politischen zu glauben, daß mir die Ereignisse der Zeit vielmehr alle Hoffnungen dazu auf Jahrhunderte benehmen.«
Kunst als Stellvertreterin der Politik, deren Schwester und nicht deren Fremde: auch dieser Aspekt – Literatur als die getreue Magd, die nach dem Scheitern aufklärerischer Praxis in die Bresche springt! – will nachdrücklich artikuliert sein, wenn man den Beitrag der Weimaraner »Rechten« – zumindest Schiller war es nicht! – zur Generaldebatte über »Literatur, Politik und Revolution« gerecht beurteilen will: Aufgabe der Kunst sei, so Schiller, nicht vorschnelle Negierung, sondern Vollendung der Französischen Revolution im Sinne einer Erfüllung ihrer geheimsten, auf die Überwindung menschlicher Entfremdung zielenden Intentionen – die Überwindung des »gesellschaftslosen«, auf sich selbst und die Verfolgung seiner Privatzwecke zurückgeworfenen Menschen.
Kunst als Meta-Politik: War's wirklich nur ein Luftgespinst, nur Kompensation politischer Ohnmacht, dieses Theorem von der Literatur als der humanen Lückenbüßerin? Für Schiller gewiß nicht! Die »Briefe über Aesthetik« zeigen mit gebotener Klarheit, daß hier einer sehr genau wußte, wie wenig es eine Befreiung im Geiste ohne materielle Befriedigung gebe: »Erst muß der Geist vom Joch der Nothwendigkeit losgespannt werden, ehe man ihn zur Vernunftherrschaft führen kann« – Brief an den Herzog von Augustenburg, 11. Novem-

ber 1793 –, gewiß, »der Mensch ist noch sehr wenig, wenn er warm wohnt und sich satt gegessen hat, aber er muß warm wohnen und satt zu essen haben, wenn sich die bessere Natur in ihm regen soll.«

Nicht um Humanität im Wolkenkuckucksheim, sondern um Verbesserung der theoretischen und praktischen Kultur war es »Weimar« zu tun, sofern es der Revolution eingedenk blieb – um die Vision einer Sozietät, in der die Fron der nur für sich schaffenden Individuen ins gesellige Spiel der frei assoziierten Gattungswesen umschlüge.

Eine *Vision*, wohlgemerkt: die Vision einer durch die Kunst befreiten Menschheit – aber nicht *nur*: Vision! Indem Schiller zeigte, daß die – sich autonom setzende – Kunst, vorscheinartig, zu versöhnen habe, was in der Realität widerspruchsvoll bliebe, denunzierte er, indirekt, die Inhumanität der politischen Wirklichkeit und machte ihre Heilsbedürftigkeit offenkundig: Das ästhetische »Ja« verweist auf ein politisches »Noch nicht«, aber erkauft sich dieses »Ja«, erkauft sich die Unbedingtheit eines utopischen Erziehungsauftrags – Kunst als Weg zur Freiheit – mit konsequenter und rigider Mißachtung des politischen Alltags.

Absehen von der Wirklichkeit um der Poesie und der Erfüllung ihrer Sinn stiftenden Aufgabe willen lautete die Devise der Klassik: Darum das Sich-Verschließen gegenüber sozialer Not (»Hier will das Drama gar nicht fort«, schreibt Goethe, die »Iphigenie« betreffend, an Frau von Stein, »es ist verflucht, der König von Tauris soll reden, als ob kein Strumpfwürker in Apolda hungerte«); darum, im Vertrauen auf Erziehung von oben und Klassenversöhnung durch eine besonnene Politik der altregierenden Schichten, der Verzicht auf jede Form politischer Agitation zugunsten der eines Kunstgenusses unfähigen Schichten; darum die Entschlossenheit, Literatur vor einer Okkupation durch das auf Unterhaltung und Belehrung erpichte Volk zu bewahren – Schillers Verhöhnung des um Popularität der Poesie bekümmerten Bürgers! –; darum am Ende sogar die elitäre Wiederbelebung jener höfisch-aristokratischen Stilmuster, die schon Lessing und die

Stürmer und Dränger, unter Berufung auf Shakespeare, als obsolet erwiesen hatten: »Es droht die Kunst vom Schauplatz zu verschwinden« – Schiller über Goethes »Mahomet«-Inszenierung: Voltaire in Weimar! –, »Ihr wildes Reich behauptet Phantasie. Die Bühne will sie wie die Welt entzünden, das Niedrigste und Höchste menget sie. Nur bei den Franken war noch Kunst zu finden, erschwang er gleich ihr Urbild nie, gebannt in unveränderlichen Schranken hält er sie fest und nimmer darf sie wanken.«
Da redet Fritz Schiller aus Marbach wie Friedrich II. von Preußen – Shakespeares Stücke, heißt es in »De la littérature allemande«, seien, in ihrem »wunderlichen Gemisch aus Tragischem und Harlekinpossen«, allenfalls würdig, »vor den Wilden von Canada« gespielt zu werden; da tritt die utopisch-aufklärerische Rolle der Poesie hinter der Funktion zurück, überalterte Herrschaftsformen, in strikter Abweisung revolutionärer Form-Experimente, zu verteidigen; da wird Literatur – entgegen der Geheim-Vision von der zweiten, nunmehr totalen Revolution – zum Vehikel der Weltflucht und des politischen Quietismus – »Freiheit ist nur in dem Reich der Träume, und das Schöne blüht nur im Gesang«... und eben das war es, was die Demokraten unter den deutschen Schriftstellern, diese durch Europa ziehenden, bis nach Rußland, ja in die Südsee verschlagenen Literaten, die Forster und Seume und Weerth, den Weimaranern vorwarfen: daß sie ihre progressiven, auf mittelbare Veränderung der Wirklichkeit abzielenden Kunst-Intentionen immer leiser formulierten und immer lauter die literarische Apotheose des in neuer Gewandung wiedererstandenen ancien régime.
Literatur und Politik in Deutschland: Es wird Zeit, den »Neutralisten« von Weimar endlich ihren großen Widersacher, den letzten Jakobiner der Nation, gegenüberzustellen: jenen Einen, der, nach Goethes Tod, mit der Kraft seines Witzes Literatur wieder in ihre politischen Rechte einsetzte: Heinrich Heine – auf unserem imaginären Podium, Goethe gegenüber, auf der Linken angesiedelt... Heine, der nur jene Poesie anzuerkennen bereit war, die es wage, »den Schritt

ins öffentliche Leben zu tun« und dem Versuch Paroli zu bieten, Literatur in ein wirklichkeitsfernes Reservat zu verweisen – einen Raum, in dem sich allenfalls ästhetische Kartoffelkriege, aber keine Literatur-Kämpfe austragen ließen, in denen die »große Suppenfrage«, die Frage nach Armut und Reichtum, Hütte und Palast obenan stand: »Heut helfen euch nicht die Wortgespinste der abgelebten Redekünste. Man fängt nicht Ratten mit Syllogismen. Sie springen über die feinsten Sophismen. Im hungrigen Magen Eingang finden nur Suppenlogik mit Knödelgründen. Nur Argumente mit Rinderbraten, begleitet mit Göttinger Wurstzitaten. Ein schweigender Stockfisch, in Butter gesotten, behaget den radikalen Rotten viel besser als ein Mirabeau und alle Redner seit Cicero.«

Hüben Heine und drüben die Weimaraner, hier der republikanische Reveille-Trommler und drüben der Herr von Goethe, der bis zum Tod nicht davon lassen mochte, Napoleon »seinen« Kaiser zu nennen; auf der einen Seite, Sprecher der Sozialisten und Demokraten, der »Tribun und Apostel«, Jude und Emigrant, Harry Heine aus Düsseldorf, und auf der anderen die nobilitierten Höflinge von Weimar: so plausibel die Fraktionierung des literarischen Parlaments der Deutschen zwischen 1789 und 1848 auf den ersten Blick erscheint, mit Heine und Goethe als Flügelmännern, so problematisch wird die Gliederung in rechts und links, wenn man bedenkt, daß keiner die Revolution im Hier und Jetzt derart gefürchtet hat wie Heinrich Heine – Demokratisierung bedeute das Ende der Kunst, den Triumph der Kartoffel über den Vers – und keiner, auf der anderen Seite, die befreiende, Fesseln lösende Funktion der Poesie inständiger beschworen hat als Friedrich Schiller.

Rechts oder links: Das Problem erweist sich als zweitrangig, sobald sichtbar wird, daß es den einen wie den anderen, den Republikanern so gut wie den Vertrauten der herrschenden Klasse, um Wahrung von Distanz zu tun war: Distanz der Literatur gegenüber rascher Indienstnahme – durch welche Fraktion auch immer! –, Distanz zu Parteiparolen, Distanz zur Macht, die auf ein klares »Ja« oder »Nein« erpicht war, Distanz vor allem – dies ist entscheidend – gegenüber dem imperativischen Anspruch des Faktischen, dem rüden Sosein des politisch Gegebenen.

Wie immer sie sich unterschieden, die Literaten, die, halb Unterhaus, halb Oberhaus, irgendwo zwischen der Exzellenz vom Frauenplan und dem Juden in der Matratzengruft beheimatet waren, in Residenzen oder Emigranten-Zirkeln: wie gering, dank disparater Lebensschicksale, die Verständigungsmöglichkeiten untereinander auch waren – *eins* zumindest hatten alle gemeinsam, Linke und Rechte: den Glauben, daß es die Grundaufgabe der Literatur sei, Faktizität, durch das Austräumen von Gegenwelten, zu transzendieren und Wirklichkeit, mitsamt ihren sozialen Antagonismen, durch den poetischen Entwurf eines Möglichkeitsreichs in Frage zu stellen: durch die Erinnerung an jenes Beinahe-Paradies zum Beispiel, das für die Dauer weniger Jahre Realität geworden zu sein schien – in den Tagen, da Immanuel Kant in Königsberg der Post entgegenging, weil er es nicht abwarten konnte, neue Zeitungen aus Paris zu erhalten.

Und dagegen nun das große Debakel nach 1848; dagegen jene allgemeine Tristesse im Zeichen einer totalen, die Erinnerung an den Menschheitsfrühling von 1789 auslöschenden Reaktion, die einer der letzten Aufrechten, der Reiseschriftsteller, Romancier und Pamphletist Georg Weerth, mit den Worten beschrieb: »Die – verlorene – Revolution hat schauderhaft unter den Menschen gewirtschaftet. Außer den tausenden von Existenzen, die dabei verloren gingen, ist eine solche Mutlosigkeit und Leere in die Gemüther gefahren, daß man selbst seine Freunde kaum wiedererkennt.«

Eine solche Mutlosigkeit und Leere: Vom beginnenden Bismarckreich aus gesehen gab es keinerlei Verbindungen literarischer Art mehr zum Vormärz – und auch zum *andern*, vom Willen zur konkreten Utopie in litteris erfüllten Weimar nicht. (Dafür eine Fülle von Bekenntnissen zu einem deutschen Olymp, von dem aus sich der Wilhelminismus absegnen ließ.)

Und damit begann dann, nach der gescheiterten Revolution

und dem Sieg der preußischen Waffen anno 1866, jene Borussierung der deutschen Literatur, deren Ausmaß eine der wenigen Gegenschriften, die in Deutschland-Preußen noch publiziert werden konnten, Gervinus' Ermahnung an das Königshaus, demonstriert, in der verlangt wird, die Tätigkeit eines Kulturvolks nicht für die eines Machtvolks dahinzugeben und, derart, von Krieg zu Krieg verwickelt zu werden.
Der Triumph Preußens, das war der Triumph Potsdams über Weimar, des monarchistischen Machtstaats über ein Stück Klein-Europa, ein Triumph, der bildungsbürgerliche Gesinnung süddeutsch-liberaler Provenienz durch den Ungeist jenes durch und durch »verassessorten« und »verreserveoffizierten« Bourgeois ersetzte, dem – neben Raabe einer der letzten Altliberalen – Theodor Fontane den Spiegel vorgehalten hat.
Vorbei die Zeit, da Literatur den Charakter einer wirklichkeitstranszendierenden Gegenkraft hatte: Affirmation oder Flucht ins Traumreich des höheren Menschen, wo die Klassiker in Goldschnitt regierten – ein Drittes gab es, zumindest idealtypisch, nicht im borussischen Deutschland der zweiten Jahrhunderthälfte – und das schon deshalb nicht, weil die Literaten, die lebenden jedenfalls, gesellschaftlich kaum mehr als Parias waren: »Catilinarische Existenzen«, pflegte Bismarck zu sagen, »Menschen: unfähig zum Elementarschullehrer und zu arbeitsscheu zum Postsekretär.«
Während die Dahns und die Heyses und die Scharen borussischer Barden in Dichterhallen einhergingen – und in der Deutschen Bank natürlich –, hatten Fontane und Raabe bürgerliche Periodica zu bedienen: darauf verwiesen, literarischen Ruhm – und den Adlerorden vierter Klasse, wenn's hoch kam – mit Hilfe von Leihbüchereien und deren Kundschaft aus Adel und Bourgeoisie zu gewinnen.
Das hieße also: Es herrschte Friedhofsruhe im Land? Literarische Opposition – Erinnerung an den August 1789, die Befreiung des Bürgertums aus selbstverschuldeter Unmündigkeit, sei zwischen Heines Tod und Hauptmanns Anfängen im von Preußen bestimmten Deutschland unmöglich gewesen?

Nein, das am Ende denn doch nicht. Schließlich ging es an der Isar immer noch liberaler zu als an der Spree – es gab den Simplizissimus, gab freisinnige Gazetten; doch selbst in Berlin, dies zeigt das Beispiel Fontanes – Pastor Lorenzens großes Geschichtskolleg im »Stechlin«! –, war es immerhin möglich, nicht nur der herrschenden Klasse die Kultur abzusprechen, sondern gelegentlich sogar ein Wörtchen für die verhaßten Sozialdemokraten fallenzulassen, in der Möglichkeitsform jedenfalls – so wie der Oberlehrer Willibald Schmidt in »Frau Jenny Treibel«: »Wenn ich nicht Professor wäre, würde ich am Ende noch Sozialdemokrat.«

Freilich, was er ganz insgeheim dachte, Theodor Fontane, das konnte er nicht einer Gesellschaft zumuten, deren obere Kreise selbst den Roman »Irrungen Wirrungen« für eine Hurengeschichte erklärten, das mußte vertraulich bleiben zwischen Mann und Frau, dem Freund und den Freunden: »Die neue bessere Welt fängt erst beim Arbeiter an; das, was die Arbeiter denken, sprechen, schreiben, hat das Denken, Sprechen, Schreiben der altregierenden Klassen tatsächlich überholt«; aber der gleiche Fontane, der sich im Brief so revolutionär gab, war als Romancier nicht in der Lage, einen Arbeiter zu beschreiben; bis weit ins zwanzigste Jahrhundert hinein blieb – Ausdruck politischer und kultureller Rückständigkeit der Nation – die Arbeiterschaft mitsamt ihrer Millionenpartei, der Sozialdemokratie, »illiterat«, tauchte allenfalls als malerische Gruppe auf... oder als Demonstrationsmaterial, in der Pathologie eines Professors, der unter Deutschlands Literaten wahrscheinlich der fortschrittlichste war: Rudolf Virchow, der mit dem Blick auf seine von Elend und Ausbeutung zeugenden Opfer auf dem Sektionstisch für eine Assoziation der Besitzlosen plädierte, damit die Ausgebeuteten endlich aufhörten, Maschinen der Reichen zu sein: »Capital und Arbeit«, so Virchow, »müssen mindestens gleichberechtigt sein und es darf nicht mehr die lebendige Arbeit dem todten Capital unterwürfig sein.«

Jawohl: Es gab Ausnahmen, die die Regel bestätigen – einen Literaten, Fontane im Kaiserreich, der die Arbeiter für intelligenter als Adel und Bürgerstand hielt, es gab einen Virchow, gab den Historiker Mommsen, der anno 1902 für das historische Bündnis zwischen den Liberalen und den »durch die Habsucht der Interessencliquen gedrückten und zum Teil erdrückten« Arbeitermassen plädierte. Aber die Wirkung dieser drei – und eines Gervinus', zu dessen obersten Zielen die Entschädigung des von Preußen gedemütigten Österreich gehörte –, die Wirkung dieser drei war null und nichtig: Das Testament Theodor Mommsens, der von Bismarck sagte, er habe der Nation das Rückgrat gebrochen, spricht für sich selbst: »Ich wünschte ein Bürger zu sein. Aber das ist nicht möglich in unserer Nation, bei der auch der Beste über den Dienst im Gliede und den politischen Fetischismus nicht hinauskommt. Diese innere Entzweiung mit dem Volke, dem ich angehöre, hat mich durchaus bestimmt, mit meiner Persönlichkeit nicht mehr vor das deutsche Publikum zu treten, vor dem mir die Achtung fehlt.«

Triumph Potsdams über Weimar; Triumph der durch die Waffen geschaffenen Fakten über die humanen Vorträume der Neutralisten von der Ilm und der auf Distanz zur Parteiherrschaft jeglicher Art bedachten Jakobiner à la Heine: Mommsens Testament macht deutlich, was er bedeutete, für die Gesittung und Kultur der Nation, dieser Sieg, zeigt an, wer das Sagen hatte, in Preußen, und wem die Referenz zu gelten hatte, nach 1866: dem Ungeist einer Nation, die keine Geschichte hatte, sondern im gleichen Maße »Kunstprodukt« war wie die Ideologie, die sie trug – schwarz-weiß-rote Gesinnung, die Konturen nur ex negativo gewann: in entschiedener Absetzung von der republikanisch-demokratischen Erbschaft von 1789 und 1848 und in rigoroser Kampfansage an den Internationalismus der sozialdemokratischen Arbeiterschaft.

Wie künstlich sie war, die deutsche Ideologie à la Heinrich von Treitschke, die einen Nationalstaat zu adeln hatte, der auf den preußischen Bajonetten ruhte, beweist das Faktum, daß es zu ihrer Verlebendigung eines Krieges bedurfte – einer gleichsam »nachgereichten« nationalen Revolution, in der, was »von oben« oktroyierte und mit militärischem Drill eingebläute Ideologie war, den Charakter einer mit Blut besiegelten Gemeinschaftsvision gewann: »Deutschland, Deutschland über alles« – das Symbol jener Volk-Werdung eines Verbands von Bayern, Preußen, Mecklenburgern, Schwaben, die zuallererst die Schriftsteller begeisterte: »Krieg«, heißt es in Thomas Manns »Gedanken im Kriege« (Gedanken, die am Ende des *Zweiten* Weltkriegs Serenus Zeitblom, der Erzähler des »Doktor Faustus«, noch einmal in entzückter Rede evoziert), »Krieg«, das war »der nie erhörte, der gewaltige und schwärmerische Zusammenschluß der Nation in der Bereitschaft zu tiefster Prüfung – einer Bereitschaft, einem Radikalismus der Entschlossenheit, wie die Geschichte der Völker sie bisher nicht kannte.«

Das sind Worte, denen Stellvertretungscharakter zukommt: Nach 1789 redet, anno 1914, zum ersten Mal wieder nahezu die gesamte Intelligenz des Landes mit *einer* Stimme – jetzt freilich nicht dem bürgerlichen, die Emanzipation der Unterdrückten befördernden Internationalismus, sondern einem bornierten Chauvinismus das Wort leihend –, reden die Dichter nicht anders als die Professoren oder – rabiateste Gruppe der Kriegsapologeten! – die Pastoren: Kein Ereignis – mit Ausnahme der Französischen Revolution, wie gesagt – ist von Deutschlands Poeten so einhellig und emphatisch begrüßt worden wie der »Aufbruch« vom August 1914.

Krieg – das bedeutete damals für den Großteil der Literaten: die nationale Randexistenz zu überwinden und, eingemeindet im Volk, als dessen Sprecher eine neue soziale Funktion zu gewinnen: Der outcast unter den Bourgeois als geistiger Führer eines im Krieg geläuterten Volks! Der Poet als Anwalt einer nationalen Revolution, deren Los zu artikulieren für den Schriftsteller Wiedergewinnung der ihm zustehenden gesellschaftlichen Privilegien bedeute: *August 1914*, das hieß für die Poeten, mit Robert Musil zu sprechen, das Gefühl einer »betäubenden Zugehörigkeit« zu empfinden: Von einem Tag zum andern – dies bezeugt das Unisono der Verlautbarungen – schien die Trennung zwischen Macht und Geist »überwunden« zu sein – und sie *war* überwunden: überwunden durch die uneingeschränkte, die große Debatte um die Französische Revolution negierende Bereitschaft des »Geistes«, sich der Macht bei der Durchsetzung der von ihr vertretenen Ziele zur Verfügung zu stellen: Da wird, anno 1914, antizipiert, was ein Vierteljahrhundert später, zu plumper Parole entstellt, schauerlich nachklingt; da wird der Vernunft von seiten einer sich im Dienst der Macht prostituierenden Kunst der Pakt aufgekündigt; da werden – Literatur von 1914 contra Literatur von 1789 – von Schriftstellern Ideologeme geprägt, die fünfzehn Jahre darauf ins Topenarsenal nationalsozialistischer Kulturpolitik eingehen werden; da sehen sich Wotan und Gneisenau, Nietzsche und der Grabenkämpfer von Verdun in einem Atemzug genannt: Kein Wunder, bei so viel Absage an Aufklärung und Rationalismus, daß den Autoren darüber die wirkliche, von sozialen Antagonismen und ökonomischen Interessensgegensätzen bestimmte Geschichte aus den Augen geriet – eine Geschichte, in der ein Staat Krieg führte, dessen regierende Schicht, im Bund mit Ludendorff, sich erfolgreich gegen jeden Versuch wandte, die Kriegsgewinne zu beschneiden – eine Schicht, deren Anwalt, ein Ostelbier namens Oldenburg-Januschau, erklärte: »Wenn das allgemeine Wahlrecht in Preußen eingeführt wird, dann haben wir den Krieg verloren.«

Ein makabres – und signifikantes Schauspiel: Während die Poeten den »Aufbruch des Volkes« besangen, wurden mit dem gleichen Volk Geschäfte gemacht, die dazu beitragen sollten, den August 1914 zum großen Widerruf des August 1789 mit der Erklärung der Menschenrechte zu machen; während die überwältigende Majorität der literarischen Intelligenz mit der Aufklärung jede Form von allgemeiner und individueller Emanzipation im Sinne der großen Revolutionsdebatte aufgab, fiel als erster Abgeordneter ein Mann, der eben für dieses Erbe eingetreten war, der jüdische Sozialist Ludwig Frank, an der Front... und so blieb es denn am Ende, sieht man von einigen Unbotmäßigen ab: revolutionären Sozialdemokraten zumeist – so blieb es einem einzigen, Heinrich Mann, vorbehalten, mitten im nationalen Kollektivrausch des

Jahres 1914 die Ideen des anderen – und besseren: weil menschlicheren! – August von 1789 zu verteidigen und, in unmittelbarer Anknüpfung an die Vorträume zu Zeiten der Revolution, die »Poesie der Demokratie« – im doppelten Wortsinn – wieder zur Geltung zu bringen: rückwärts den Blick zu jener Trinität, Gleichheit, Freiheit, Brüderlichkeit, die für Heinrich Mann – damals und später – die erste und wichtigste Aufgabe der Schriftsteller blieb: sofern sie darauf abzielten, ihrem Auftrag treu zu bleiben, als »Gedankenmänner« das Humanitätspotential in der Welt zu vergrößern – eine Aufgabe, deren Erfüllung jedem von ihnen den moralischen Rang zuwiese, der untrennbar vom geistigen sei: »Der Intellektuelle« – Heinrich Mann im »Zola«-Essay – »erkennt Vergeistigung nur an, wo Versittlichung erreicht wird.«
Heinrich Mann: die Ausnahme – das gilt für den August 1914, und das gilt auch für jene Republik von Weimar, in der er und seinesgleichen kaum minder isoliert als im Kaiserreich waren: Die Ideen von 1914 blieben – an den Hochschulen vor allem – in Geltung; Demokratie erschien als »Erblast« und nicht, wie's Heinrich Mann formulierte, als »Geschenk« der Niederlage – und damit eben waren zumal jene linksbürgerlichen Kräfte in ihrer Wirkung beschränkt, deren erstes Ziel es war: mitzuhelfen, daß die Republik Republikaner erhielt und daß dem Gemeinwesen als verpflichtendes Ideal jener libertäre Sozialismus vorgestellt wurde, der sich, während der großen Debatte um das Erbe der Französischen Revolution in der deutschen Literatur, zum ersten Mal von Belletristen, Jakobinern diesseits des Rheins, inthronisiert sah.
Inthronisiert in Gedicht und Parabel, Pamphlet und Drama: um 1800 in Mainz, preisgegeben nach 1848 im preußischen Deutschland, zum Gespött gemacht im chauvinistischen Taumel des teutonischen August und zaghaft neubelebt in der ersten deutschen Demokratie, als linke Bürger, das Erbe der Achtundvierziger einklagend, auf einer Versöhnung zwischen dem fortschrittlichen – nicht verjunkerten – Bürgertum und der Arbeiterschaft insistierten und – unser Kreis schließt sich: wir kehren nach Frankreich zurück – für eine »Verwest-

lichung«: sprich Liberalisierung der Gesellschaft unter maßgebender Bestimmung durch eine europäisch gesinnte Intelligenz plädierten – für die Demokratisierung eines Gemeinwesens, das sich dem Westen nur ökonomisch, im Sturmlauf kapitalistischen Nachholbemühens, aber nicht politisch, nicht als Republik der Freien und Gleichen angepaßt hatte.
Vergeblich, der Versuch; vergeblich jene Geschichtslektion von seiten republikanischer Autoren, die in Thomas Manns Bekenntnis zu einem Sozialismus kulminierte, der allein in der Lage sei, die von der Bourgeoisie verramschte bürgerliche Kultur zu bewahren. Vergeblich, vergeblich. Je demokratischer – hier plebejisch, dort bürgerlich-liberal – die Konzeption, desto gewisser, anno 33, der Weg ins Abseits, desto unausweichlicher die Alternative: Tod oder Emigration.
Und heute? Heute, ein halbes Jahrhundert danach: nach der Bücherverbrennung und dem Beginn einer Ära, in der – einzigartig in der deutschen Geschichte – nicht Literaten, sondern eine ganze Literatur emigrierte: hat sich da endlich die große Debatte nach 1789 erledigt, weil ihre Postulate in den beiden deutschen Gemeinwesen Realität geworden sind? Das Erbe der Achtundvierziger: angetreten von Republikanern aller Couleur? Die Versöhnung von Kultur und Sozialismus, Heines verwegener Wunsch – anno 1983 eine Selbstverständlichkeit? Die Teilhabe aller Menschen an den utopischen, aber auf Einlösung im Hier und Heute abzielenden Entwürfen der Literatur: ein Problem, das passé ist – abgetan, da verwirklicht?
Die Fragen zu stellen heißt: sie zu beantworten. »Solange die Sonne am Firmamente steht, war das nicht gesehen worden, daß der Mensch die Wirklichkeit nach dem Gedanken erbaut.« Hegels Diktum bleibt 1983 so gut Utopie wie vor einhundertsechzig Jahren. Eine Utopie, die, höchst konkret, ihre appellative Kraft – ihre imperativische Verpflichtung! – nicht zuletzt für jene Literatur zweier deutscher Staaten behält, die – mag sie auch unterschiedliche Themen behandeln, mit unterschiedlicher Terminologie operieren, unterschiedlichen Produktionsbedingungen und Diktaten ausgesetzt sein,

unterschiedliche Rezeptionsweisen, unterschiedliche politische Valenzen, Chancen, Bedrohungen haben, unterschiedliche Organisationsformen und Erwartungshorizonte – dennoch *eine* Literatur ist: mit gemeinsamer Geschichte, gemeinsamer Aufgabenstellung, gemeinsamen Vorträumen und – das Entscheidende – gemeinsamer Schuld. Wie viel wurde versprochen, als humane Alternative zur Debatte gestellt und in Gedanken antizipiert – wie wenig wurde in concreto eingelöst! Welche Fülle aufklärerischer Gesellschaftsentwürfe seit dem 18. Jahrhundert: und kaum einer realisiert! (Lessing, scheint es, ist uns noch immer voraus – von Kant ganz zu schweigen: In Königsberg war man, in der Friedensfrage, anno 1795, weiter als heute in Genf.)
In dieser Situation, denke ich, ist es die Aufgabe der Literatur, als des großen Gedächtnisses der Menschheit, daran zu erinnern, daß die Kluft zwischen erträumter Möglichkeit eines humanen, von Selbstbestimmung und sozialer Sinnhaftigkeit erfüllten Lebens und deren politischer Realisierung sich nicht verringert, sondern, im Gegenteil, vergrößert hat – in welchem Ausmaß, das würde deutlich, wenn die *andere*, die bürgerlich-republikanische Literatur Deutschlands mit ihren Rebmanns und Forsters und Virchows und Weerths, mit ihrem Versöhnung zwischen Individuen und Allgemeinheit präskribierenden Schiller und einem Lichtenberg, ins Kulturbewußtsein der Nation eingegangen wäre, der den Regenten ins Stammbuch schrieb: »Es kommt nicht darauf an, ob die Sonne in eines Monarchen Staat nicht untergeht, wie sich Spanien ehedem rühmte, sondern was sie während ihres Laufes in diesen Staaten zu sehen bekommt.«
So gewiß es ist, daß Literatur zu allen Zeiten der Wirklichkeit vorausgewesen ist – ihr, im Sinne Kants, die Fackel vorantragend und nicht die Schleppe aufhebend –, so sicher ist auf der anderen Seite, dies mag unser knapper Überblick lehren, daß die Skepsis, es könne möglich sein, die konkreten Utopien der Poesie auf die Füße zu stellen, niemals seit den Tagen der Aufklärung so groß wie heute war – aber das ist kein Vorwurf an die Adresse der Literatur: Es ist nicht ihre Schuld, so weit

voraus, es ist die Schuld der Wirklichkeit – und bezeichnet exemplarisch die deutsche Misere! – so weit zurück zu sein: Wo's Schiller gab, Heine und Marx, Posa und Nathan und die große Debatte über die »Versöhnung des Göttlichen mit der Welt« – wie konnte da Auschwitz sein und Buchenwald, nahe bei Weimar?

Wie ist es einer Nation möglich geworden, die Träume ihrer Dichter nicht nur zu vergessen, sondern sie ins Gegenteil zu verkehren?

Das ist die Frage, die, im Akt eingedenkender Trauerarbeit, immer neu zu artikulieren Kardinalspflicht der Schriftsteller bleibt – und, im Zeichen des als Möglichkeit drohenden weltweiten Holocaust, nicht nur der deutschen.

Vergessen wir, eine Zeitlang zumindest, die Utopien: Dies ist die Stunde Mnemosynes. Die Stunde der Erinnerung an Entwürfe der Literatur, von deren Bewahrung unser Menschsein abhängt. Wie viel ist schon verloren – manches unwiederbringlich dahin; wie viel gilt's neu zu gewinnen – nicht zuletzt zwei Staaten zunutze, die belehrt worden sind, wozu es führt, wenn eine Nation über dem einen, dem deutschen, den anderen, den europäischen August, vergißt!

Geschichtsbücher sind umzuschreiben, zerrissene Fäden wieder zu knüpfen, Gegen-Linien nachdrücklicher als bisher zu unterstreichen, der Sache der Besiegten ist zu ihrem Recht zu verhelfen: Anders nähme sich unser Kulturbewußtsein aus, wenn »Die sieben Gesinnungen der großen Friedensfrau«, aus Herders Briefen über die Humanität, im Zentrum unseres Schulunterrichts stünden, wenn es, beginnend mit Erasmus' von Rotterdam, des ersten europäischen Pazifisten, Traktat »Die Klage des Friedens, der von allen Völkern verstoßen und vernichtet wurde«, eine deutsche Friedens-Bibliothek gäbe – kurzum, wenn, Dokument für Dokument, die *andere* Geschichte der Deutschen anschaulich würde, mitsamt ihren – ausgeschlagenen – Handreichungen von seiten der Dichter, mitsamt ihrem – unausgeschöpften – Humanitätspotential und der Fülle ihrer – vergessenen – Programme, verfaßt zugunsten der Deklassierten im Land, von Fichtes Traktat »Zur

Zurückforderung der Denkfreiheit von den Fürsten Europas, die sie bisher unterdrückten« und den republikanischen Pamphleten des Freiherrn von Knigge, der von einer ignoranten Bourgeoisie zur lächerlichen Figur gemacht worden ist, bis zu Schillers Marx antizipierender Beschreibung von Verfremdung in einer Gesellschaft, die das Haben über das Sein stellt: »Ewig nur an ein einzelnes kleines Bruchstück des Ganzen gefesselt, bildet sich der Mensch selbst nur als Bruchstück aus, ewig nur das eintönige Geräusch des Rades, das er umtreibt, im Ohre«, wird er, »anstatt die Menschheit in seiner Natur auszuprägen, bloß zu einem Abdruck seines Geschäfts.«

Nein, an Nothelfern fehlt es uns nicht – nicht an Vorausdenkern, deren Vermächtnis eingelöst werden will, nicht an Analytikern, deren Thesen, von heute aus gesehen, den Charakter »rückwärts gewendeter Prophetien« haben, in denen sich die bessere Möglichkeit mit der schlechteren Wirklichkeit konfrontiert sieht. Deutschland 1871 – so Gervinus' Vision –: ein mit Österreich versöhnter Bundesstaat, dessen Hauptstadt das auf London verweisende, weltbürgerlich liberale Hamburg und dessen Hauptaufgabe die Einleitung eines Zeitalters der Entwaffnung, einer Friedensära sein müsse. Wer weiß davon noch in zwei Gemeinwesen, deren politische Fibeln endlich neu formuliert werden müßten: geprägt von Figuren wie den Göttinger Sieben, dem Virchow, dem Heinrich Mann, dem Ossietzky, dem Einstein und – Hand aufs Herz: wer kennt ihn? – dem Friedrich Nicolai, dazu Rahel Levin und Rosa Luxemburg ... geprägt von Figuren, mit denen sich gewiß kein nationales Pantheon errichten ließe, wohl aber eine Erinnerungsstätte: *Auch dies, Land, ist deine Geschichte. Es könnte wichtig für dich sein, gerade heute, da sichtbar geworden ist, wohin die von den Siegern geschriebene Historie geführt hat, sich – spät, aber nicht zu spät – an sie zu erinnern.* Zu erinnern an die poetische, aber möglichkeitsträchtige, alternative und höchst reale Geschichte, von der einer, der Leitbild sein sollte in unserem Land und ein nobody ist inmitten der fritzischen und wilhelminischen und hitlerschen Generäle, Gottfried Gervinus,

gesagt hat, »ihr Inhalt diene dazu, das erschütterte Vertrauen auf unsere Zukunft wieder zu befestigen, den gesunkenen Glauben an die Gegenwart wieder aufzurichten und den Gescheiterten im Steinbruch dieser Jahre eine Rettungsstätte zu bereiten«.
Formuliert 1852, und noch heute gültig. Ja, heute erst recht.

Nathan der Weise aus der Sicht von Auschwitz

Juden und Christen in Deutschland

»Inmitten deutschen Lebens ein abgesondert fremdartiger Menschenstamm... Auf märkischem Sand eine asiatische Horde... so leben sie (die Juden) in einem halb freiwilligen unsichtbaren Ghetto, kein lebendiges Glied des Volkes, sondern ein fremdartiger Organismus in seinem Leibe«: Mit diesen Worten hat, anno 1897 in Maximilian Hardens Zeitschrift »Die Zukunft«, kein rabiater Antisemit, kein Schüler Treitschkes und Stoeckers, kein Ideologe in der Nachfolge Richard Wagners gesprochen – nein, ein Berliner Jude ist es gewesen, der seine Stimme gegen das *schwärzliche Volk der Krämer und Makler* erhob, gegen die von Jahwe, dem auf dem Horeb thronenden Gott, verlassenen Händler aus der Rosenthaler Straße, gegen die *Häßlichen* mit ihren *ungelenken Füßen und der weichen Rundlichkeit ihrer Formen*, gegen die bald *tolpatschig-dreist*, bald *devot* auftretenden Parvenus, die sich nicht wundern dürften, daß die Autochthonen aus der Mark Brandenburg ihre Namen mit ironisierender Betonung aussprächen: »Im Erdgeschoß wohnt Herr Wilhelm Schulze und im ersten Stock ›ein‹ Herr Simon.«
Nein, ein Antisemit war er gewiß nicht, der »Zukunft«-Beiträger, der sich, ein Vierteljahrhundert vor Tucholsky, über das »Wendriner«-Deutsch seiner – getauften und ungetauften – Mitjuden belustigte und, angeekelt von der *Ghetto-Schwüle* im Kreis der scheinbar Assimilierten, die »bewußte Selbsterziehung einer Rasse zur Anpassung an fremde Anforderungen« proklamierte.
Eine deutsch erzogene Judenheit, geprägt von Patriziern der Kultur, die mosaische Glaubensliberalität mit der Bildung

jener Nation verbänden, der allein sie sich verpflichtet fühlten, der deutschen: eine israelitische Gemeinschaft, die sich aus assimilierten Lessingschen Nathans rekrutierte – das war die Idealgemeinde jenes W. Hartenau mit seinem Kaufmannstraum von der verbesserten Bilanz der moralischen Werte durch rigorose Anpassung des jüdischen Volks an das deutsche... der Traum eines Mannes, der wenige Jahre darauf sein Pseudonym lüftete.

Walther Rathenau hieß der Verfasser des »Zukunft«-Pamphlets: ein Jude, der in keinem Augenblick, 1897 so wenig wie zu Beginn der Weimarer Republik, von der These abwich, daß es für einen Mann seines Schlages nur *ein* Land geben könne – Deutschland und nicht Israel: das Land des Hier und Jetzt und nicht das Reich der Väter. (»Die Juden«, so Rathenau während des Ersten Weltkriegs an einen Freund, »sind für mich ein deutscher Stamm wie Sachsen oder Bayern. Für mich entscheidet über die Zugehörigkeit zu Volk und Nation nichts anderes als Herz, Geist, Gesinnung, Seele. In diesem Empfinden stelle ich die Juden etwa zwischen die Sachsen und die Schwaben.«)

Worte eines Israeliten aus Berlin und deutschen Patrioten, von dem es, einhundertvierzig Jahre nach Lessings »Nathan«, heißen wird: »Knallt ab den Walther Rathenau, die gottverdammte Judensau.«

Was für ein Schicksal, dieses Leben und Sterben eines Berliner Industriellen jüdischer Herkunft – und ein typisches dazu! Von den Anfängen der Emanzipation, die durch die drei Namen Gotthold Ephraim Lessing, Moses Mendelssohn und Kriegsrat Christian Wilhelm von Dohm, den Verfasser der Schrift »Über die bürgerliche Verbesserung der Juden«, geprägt ist... vom Ende des 18. Jahrhunderts bis zum Beginn der nationalsozialistischen Herrschaft hat die deutsche Judenheit mit einer durch keine Demütigung und Provokation zu beirrenden Entschlossenheit, inständig und konsequent, um ihr Bürgerrecht in Deutschland gerungen, um Eingemeindung in die Nation Schillers und Lessings, und dafür, in einer oft bis zur Selbstaufgabe gehenden Demut, sich selbst – und

gerade! – zu jenen Deutschen bekannt, die sich als rabiate Antisemiten ausgaben: Der gleiche Richard Wagner, der im Pamphlet »Das Judentum in der Musik« den Israeliten jegliches Schöpfertum absprach – Kopisten seien sie, Aneigner, äffische Imitatoren von Beckmessers oder des Bach-Imitators Mendelssohns Rang... der gleiche Wagner, der den Juden nur eine einzige Möglichkeit der Erlösung zubilligte: ihren Untergang, der gleiche Wagner, dessen ureigenes Ziel es war, den »Nathan« zu widerrufen (Notiz Cosimas, im Tagebuch: »Richard erzählt von einer neulichen Aufführung des Nathan, wo bei der Stelle ›Christus war auch ein Jude‹ ein Israelit im Parterre bravo gerufen habe. Er wirft Lessing diese Fadheit sehr vor, und wie ich ihm erwidere, daß mir schiene, ein eigener deutscher Zug der Humanität in dem Stücke zu liegen, sagt er: ›Aber gar keine Tiefe‹, und dann im heftigsten Scherze, ›es sollten alle Juden bei einer Aufführung des Nathan verbrennen‹«)... dieser gleiche Wagner, der sich mit dem Gedanken trug, Bismarck zu bitten, Paris, dieses Zentrum der Geld- und Wucherwelt, niederzuschießen: dieser Richard Wagner hatte, Abgott der Judenheit, der er war, die Ehre, ausgerechnet den Palästinaträumen der auf die heilige deutsche Kunst eingeschworenen Israeliten die höheren Weihen zu geben: Der zweite Weltkongreß des Zionismus, am Ende des letzten Jahrhunderts, wurde eingeleitet mit der Tannhäuser-Ouvertüre des Meisters.
Ein Schauspiel, paradox und erbarmenswürdig zugleich: Da kämpft, seit dem letzten Drittel des 18. Jahrhunderts, eine verschwindende Minorität darum, die Ghettomauern zu sprengen, das jüdische Mittelalter zu beenden und Partizipant der Aufklärung zu werden: da will man eine Welt verlassen, den Kerker, in den das *gepriesene Licht* der Neuzeit nur mühsam eindringt... eine Welt, von der es bei Börne heißt: »Scheu und behutsam wird hier der Fuß aufgesetzt, damit er keine Kinder zertrete. Sie schwimmen in der Gosse herum, sie kreuzen im Kote umher, unzählig wie ein Gewürm von der Sonne Kraft dem Mist ausgebrütet... Fürchtet ihr, die turmhohen Mauern möchten einstürzen über uns? O fürchtet

nichts. Sie sind wohl befestigt, die Käfige der beschnittenen Vögel, gestützt auf den Grund der ewigen Bosheit, gut gemauert von den emsigen Händen der Habsucht, geleimt mit dem Schweiß der gefolterten Sklaven.«

Hinaus aus dem Ghetto hieß die Devise: aus dem Elend, aber auch aus der Geborgenheit des Für-sich-Seins, aus dem Bannkreis der Rabbinatsherrschaft, mitsamt den Kommentierungen der Talmudtraktate, die ihrerseits die Tora auslegen – einem Bannkreis, den zu verlassen ebenso unabdingbar wie risikoreich war: *unabdingbar* wegen des Gebots der Zeit, das keine Absonderungen: kein partielles Mittelalter mehr zuließ, *risikoreich* im Hinblick auf die Aufgabe jüdischer Totalität, die, als erster Aufklärer und letzter Ganz-und-gar-Jude Moses Mendelssohn noch einmal zu praktizieren verstand, indem er auf die Identität von natürlicher und jener jüdischen Religion verwies, die nicht auf Glaubenswahrheiten, sondern auf vernunftbestimmten Gesetzesvorschriften beruhe.

Jüdische Totalität: Das hat es, das konnte es, wie die Dinge standen, *nach* Mendelssohn in Deutschland nicht mehr geben. Die Enkel des Mannes, der mit seiner Bibelübersetzung den Juden ihre heilige Schrift, verfremdet und zu neuer Eingemeindung fähig, zurückgeben wollte, konvertierten zum Christentum; vierzehn Jahre nach Mendelssohns Tod fragte sein Freund und Schüler, David Friedländer, namens einer Gruppe einflußreicher Berliner Juden an, unter welchen Bedingungen ein allgemeiner Übertritt zum Protestantismus, in Würde und ohne Schielen nach bürgerlicher Reputation, zu erreichen sei und welches Taufbekenntnis denjenigen abverlangt werde, die Vernunftwahrheiten für das gemeinsame Zentrum aller Religion hielten, das Zeremonialgesetz und den Messiasglauben folglich für obsolet erachteten, ohne sich deshalb positiv zu christlichen Dogmen, vor allem der Gottesherrschaft Christi, stellen zu können: »Wir sind von jüdischen Eltern geboren und in der jüdischen Religion erzogen worden... Die Ceremonialgesetze wurden in dem väterlichen Hause mit der ängstlichsten Pünktlichkeit beobachtet. Diese verfremdeten uns (das heißt: machten uns zu Fremden) in dem

Zirkel des gewöhnlichen Lebens; sie brachten, als leere Gebräuche, keine andere Wirkung hervor, als daß deren Beobachtung in Gegenwart fremder Religionsverwandtschaften, selbst der Dienstboten, uns scheu, verlegen und oft unruhig machten.« So beginnt eine Schrift (sie ist heute nahezu verschollen), in der deutsche Juden zum ersten Mal öffentlich eingestehen, daß die Mendelssohnsche These, Gesetzesgehorsam und Vernunftverpflichtung wären identisch, nicht zu verwirklichen sei – und damit beginnt jene »Euthanasie des Judentums« in Deutschland (ein Ausdruck von Kant), an der sich in gleicher Weise, auf christlicher Seite, Liberale, die einem Reformjudentum, geprägt von Bildungsbürgern jüdischen Glaubens, das Wort redeten, *und* die aufgeklärten Juden beteiligten, die an die Vereinbarkeit von israelitischem Glauben und deutscher Vollbürgerschaft glaubten und diese Vereinbarkeit als neues, eine sinnerfüllte Existenz verbürgendes Prinzip in emphatischer Rede beschworen.

»Einen Vater in den Höhen, eine Mutter haben wir. Gott, ihn, aller Wesen Vater. Deutschland unsere Mutter hier«: Dieser Satz des Sprechers der deutschen Judenheit, des Vizepräsidenten des Frankfurter Paulskirchen-Parlaments und ersten Richters mosaischen Glaubens in unserem Land, Gabriel Riesser, hat exemplarischen Charakter.

Nahezu eineinhalb Jahrhunderte lang, zwischen *Nathan* und *Auschwitz*, war es das oberste Ziel der deutschen Judenheit, sich dem Wirtsvolk in politicis bis hin zur Aufgabe der Identität: will heißen, des Vergessens eigener Geschichte, zu assimilieren, wobei es, zumal nach 1848, der Mehrheit um die Gewinnung eines *National*deutschtums konservativer Prägung, der Minderheit um ein *Kultur*deutschtum ging, das die Juden getreuer hüteten als die von Bismarckschem Borussentum, Wirtschaftsglanz und militärischer Macht geblendeten Deutschen christlicher Herkunft. Das Erbe der Aufklärung, verramscht von der Bourgeoisie, zu bewahren und durch solch erinnerndes Aufheben Dankbarkeit gegenüber der Nation zu zeigen, die längst dabei war, Weimar über Potsdam zu vergessen: dies war die Intention jener gebildeten Judenheit, die, als einzige Gruppe (im Sinne einer Formulierung Franz Rosenzweigs) das »und« in der Wortfügung »Deutscher und Jude« mit vollem Ernst und »nicht lasch« nahm und sich damit zu jenem in der Mitte des 19. Jahrhunderts von Gabriel Riesser gesetzten Ziel bekannte: mitzuhelfen, dem Begriff »Deutscher Jude« den Charakter eines Ehrentitels zu geben.

Ein vergebliches Unterfangen: vergeblich, da – nehmen wir den einen Humboldt und den anderen Mommsen und den dritten Virchow aus – nach dem Ende der Aufklärung kein Dohm und schon gar kein Lessing bereitstand, um, in vermeintlich liberaleren Zeitläufen, Mendelssohns Nachfahren Mut zur Verteidigung unverzichtbarer Traditionen zu geben. Kein Zufall, daß Riessers Rede über das Lessing-Denkmal, 1838 an die Israeliten in Deutschland gerichtet, wie ein Hilferuf klingt – Hilferuf an die Adresse eines Toten, der den Juden ihre historische Aufgabe zugeteilt hätte: auszuharren im Interesse der Humanität, zu deren Verteidiung der Dichter des »Nathan« die Juden, »in einem Akt weltgeschichtlicher Vergeltung«, bestellt habe – die unterdrückte Minderheit und nicht die regierende christliche Macht.

Da werden, in einem ergreifenden Totengespräch, noch einmal die Manen jener großen Nothelfer beschworen, die ein verläßliches, von wechselseitigem Vertrauen geprägtes Gespräch zwischen Christen und Juden in Deutschland zu gewährleisten schienen: Nothelfer wie der Kriegsrat Dohm, der, in enger Kooperation mit Moses Mendelssohn, vermeintliche jüdische Sonderheit, vor allem den (angeblichen) Hang zu Schacher und Wucher, als Folge drückender Verhältnisse interpretierte, unter denen zu leben die Israeliten, ausgeschlossen von höherer Bildung, seit Jahrhunderten gezwungen seien. Nothelfer wie Wilhelm von Humboldt, der Verfasser der liberalen preußischen Judengesetzgebung, der sich gegen den Vorwurf zur Wehr setzen mußte, er verwandle mit seiner Verfassung von einem Tag zum anderen die Knechte in Herren: »Wer vom Knecht zum Herrn wird, der macht einen Sprung; denn Herren und Knechte sind ungewöhnliche Erscheinungen. Aber wem man bloß die Hände losbindet, der kommt nur dahin, wo alle Menschen von selbst sind.«

Nothelfer Lessing. Nothelfer Dohm. Nothelfer Humboldt: Humboldt, der übrigens keineswegs Philosemit war (en masse waren ihm die Juden lieber als en detail, wo er ihnen am liebsten aus dem Weg ging) und der sich dennoch, nach Lessing, größere Verdienste als irgendein anderer um die Emanzipation der Israeliten erwarb: er, der stolz darauf war, zusammen mit seinem Bruder Alexander seit Jugendzeit eine Schutzwehr des Judentums gewesen zu sein: er, Humboldt, der, Juni 1815, seine Frau – Caroline, die rabiate Antisemitin – wissen ließ, daß er auf dem Wiener Kongreß ein großes Geschenk nicht habe annehmen können, die Gabe eines alten – offenbar orthodoxen – Israeliten aus Prag, der bereits mehrfach bei ihm vorgesprochen habe: »Gestern kam nun der Alte wieder, dankte mir unendlich und bot mir zum Ersatz drei Ringe, Smaragde mit Brillianten besetzt, mit dem Zusatz, daß, wenn ich sie nicht wollte, ich über viertausend Dukaten auf seine Kassa disponieren solle. Ich schlug sie natürlich ebenso wie das Geld aus, und Du kannst die Verwunderung gar nicht denken, wie ich ihm ohne alle Affectation und Ziererei sagte, daß ich, was ich getan, bloß den Juden zuliebe getan hätte, daß ich nichts dafür nehmen würde, daß aber, wenn ich je in einen Fall kommen sollte, wo er mir einen Gefallen erzeigen könnte, ich ihn gern annehmen würde.«

Nothelfer Wilhelm von Humboldt, dem ein alter Jude, wahrscheinlich Simon von Lämel, der zum weiteren Freundeskreis Goethes gehörte, jene drei Ringe schenken möchte, an deren Beispiel Nathan der Weise die Gleichberechtigung der drei großen Glaubensgemeinschaften erweist, die im Zeichen der einen, von Lessing und Mendelssohn akzentuierten Vernunftreligion zusammengehörten: Da wird in einem ebenso bewegenden wie gleichnishaften Vorgang Literatur zum Politikum. Macht der Christ Lessing den Juden Nathan auf der Bühne zum Anwalt der Humanität, so möchte der Jude Lämel dieses Ehrenprädikat im politischen Alltag an den Christen

Humboldt wiedererstatten – und hätte derart einen Mann geehrt, dessen Intentionen (wie die Lessingschen!) ungeachtet der zwischen 1812 und 1870 langsam Gesetzeskraft gewinnenden These, daß den Juden Rechtsgleichheit mit den Christen zustünde (formaliter, wohlgemerkt!), in der Alltagswirklichkeit nicht allein unbefolgt blieben, sondern sich ins pure Gegenteil verkehrt sahen.

Ins Gegenteil verkehrt – jawohl! Man stelle sich vor, Lessing, Dohm, Mendelssohn und Wilhelm von Humboldt seien, ein Jahrhundert nach ihrem pro-israelitischen Engagement, Zeuge jener Reichstagsdebatte vom Jahre 1880 geworden, in der, nach einer großen antijüdischen Kampagne im Land, die es binnen kurzem auf über 200000 Unterschriften brachte, der Abgeordnete Hänel, ein Liberaler, der deutschen Fortschrittspartei zugehörig, folgende Interpellation vortrug: »Seit geraumer Zeit macht sich gegen die jüdischen Bürger Preußens eine Agitation geltend, in deren Folge gefordert wird, 1. dass die Einwanderung ausländischer Juden, wenn nicht gänzlich verhindert, so doch eingeschränkt wird, 2. dass die Juden von allen obrigkeitlichen Stellungen ausgeschlossen werden und dass ihre Verwendung im Justizdienst – namentlich als Einzelrichter – eine angemessene Beschränkung finde, 3. dass der christliche Charakter der Volksschule, auch wenn dieselbe von jüdischen Schülern besucht wird, streng gewahrt bleibe und dass in derselben nur christliche Lehrer zugelassen werden, 4. dass die Wiederaufnahme der amtlichen Statistik über die jüdische Bevölkerung angeordnet werde. In Veranlassung dessen wird an die Königliche Staatsregierung die Anfrage gerichtet, welche Stellung sie einer Massen-Agitation gegenüber einnehme, die auf die Beseitigung der vollen verfassungsgemäßen Gleichberechtigung der jüdischen Staatsbürger ziele.«

Die Debatte wurde eröffnet, die Staatsregierung erklärte sich bereit, Antwort zu geben, der Abgeordnete Hänel begründete die Interpellation mit den Worten: »Im Jahre 1878 – es waren gerade einhundert Jahre, nachdem Lessing den Nathan geschrieben« ... daraufhin *Lachen von rechts*: und eben dies war symptomatisch. Sobald Lessings Nathan, in der zweiten Jahrhunderthälfte, in einem deutschen Parlament zitiert wurde, stellte sich entweder Verlegenheit ein (der Mann, hieß es, habe Gott sei Dank auch bessere Stücke geschrieben), oder es wurde, zum Zeichen von Hohn und Verachtung *gelacht* und über Lessing mit jener Richard Wagnerschen Borniertheit geurteilt, die man sich fünfunddreißig Jahre vorher, als in beiden Häusern des Vereinigten Preußischen Landtags über die Bürgerrechte der Juden debattiert wurde, denn doch nicht erlaubt hätte.

So verwegen 1847 die konservative Fraktion gegen die Einstellung jüdischer Geschichtslehrer an christlichen Gymnasien votierte – undenkbar sei es, daß ein Jude die Kreuzzüge objektiv darstellen könne – und so emphatisch selbst die Gefahr einer jüdischen Interpretation von Linguistik und Mathematik an die Wand gemalt wurde, es blieb, ungeachtet aller Vorurteile, zu denen sich der Abgeordnete Bismarck in unbekümmerter Rede bekannte, doch ein Rest von Respekt gegenüber den Juden und, angesichts der Überlegenheit einer glänzend argumentierenden laizistischen Fronde – der Liberale Georg von Vincke voran! –, zumindest eine Spur Bedenklichkeit, die Postulate der Aufklärung *in toto* zu widerrufen: Wer's dennoch tat, hatte eh nichts mehr zu verlieren an kultureller Reputation.

Zwar gab es einen dezidierten Antijudaismus, 1847, gewiß; es gab den Fremdenhaß protestantischer Art, der sein gutes Gewissen aus jenem Pamphlet des alten Luther, »Von den Juden und ihren Lügen«, bezog, dessen Postulate (Verbrennung der Synagogen, Zerstörung der jüdischen Häuser, Aufhebung des Geleits für Israeliten, Einweisung der jungen Mannschaft in Arbeitslager) sich noch im Nationalsozialismus nachgebetet sahen: Martin Luther – zitiert in Veit Harlans »Jud Süß«!

Gut, den Antijudaismus hat es gegeben in der ersten Hälfte des 19. Jahrhunderts, in Lutherscher so gut wie in Fichtescher Interpretation. (Nur unter einer Bedingung, erklärte der Verfasser der »Reden an die deutsche Nation«, sei er mit der

Verleihung des Bürgerrechts an die Juden einverstanden: daß man den Israeliten in einer Nacht alle Köpfe abschlüge und ihnen andere aufsetzte, »in denen auch nicht eine jüdische Idee sei«.) Es gab, vor 1880, die Abqualifizierung des Juden als des Geschäftemachers, Spekulanten, Irreligiösen und Amoralischen, der, wie's in den beiden großen Hausbüchern des deutschen Bürgertums, Freytags »Soll und Haben« und Raabes »Hungerpastor«, vorgeführt wurde, seine humane Gegenfigur im tiefsinnig-tumben, redlich-biederen, wacker-schlichten Deutschen erhielt: Hans Unwirrsch gegen Moses Freudenstein, Anton Wohlfahrt contra Veitel Itzig; hier das Sündenbabel Paris und dort die Hungerpfarre an der Ostsee; hüben das Comptoir des deutschen Kaufmanns, geprägt von bürgerlicher Bonität, und drüben die Flitterbude des jüdischen Spekulanten. (»Der Bedienstete öffnete und führte Anton durch eine Reihe von Gemächern in das Empfangszimmer. Er sah auf seinem Weg mit Erstaunen den ruhigen und soliden Glanz der Einrichtung, die großen Wandspiegel, schwere Stoffe, Gemälde, Blumentische, zahlreiche Vasen und Fruchtschalen von Stein und gemaltem Porzellan«: Ja, so sah eine deutsche Firma aus.) Und dagegen nun, in einer unter dem Aspekt »Schein gegen Sein« durchgeführten Punkt-für-Punkt-Konfrontation, das *Palais* (in Anführungszeichen!) derer von Ehrenthal: »Der Freiherr wurde in das distinguierte Putzzimmer des Hauses geführt und sah mit innerer Heiterkeit die auffallenden Farben der bunten Vorhänge, den unsauberen Fußboden und die zahlreichen schlechten Ölbilder an den Wänden, dicke Farbmasse, welche wahrscheinlich auf dem Trödel gekauft waren«: So präsentierte sich ein Judenhaus von Neureichs, das im Erdgeschoß vergittert ist, in der Beletage mit Spiegelscheiben prunkt und unter dem Dach seine blinden, oft eingeschlagenen Fenster verbirgt. (»Es war kein guter Charakter in dem Hause, wie eine alte Zigeunerin sah es aus, die über ihr bettelhaftes Kostüm ein neues Tuch geworfen hat.«)

Saxa loquuntur. Die Steine sprechen und zeigen an: Hier wohnt ein Jude, dort ein Christ – und wie die Steine, so sprechen Habitus und Redeweise, gesellschaftliches Gehabe, Lebensentwurf, Weltsicht und Geschäftsgebaren, Visionen und Träume den einen, den Christen, los und den anderen, den Juden, schuldig.

Und trotzdem: Trotz Luther und Fichte, Freytag und Wagner, trotz der Hepp-hepp-Apologeten und, auch das sei nicht vergessen, trotz der schneidendsten Bezichtigungen, der aus Selbsthaß geborenen Anklage gegen jüdisches Spekulantentum à la Rothschild, wie es in den eigenen Reihen erhoben wurde (»Welches ist der weltliche Kultus der Juden? Der Schacher. Welches ist sein weltlicher Gott? Das Geld«, heißt es in Marxens Schrift »Zur Judenfrage«) – trotz allem, dies will mit Nachdruck betont sein, kann kein Zweifel bestehen, daß die primitive und prinzipielle Widerrufung der Aufklärung und ihres Grund-Axioms von der Gleichheit aller Menschen, die zu realisieren höchste, ja, einzige Aufgabe eines Staates sei, der sich als menschlich verstehe... trotz allem kann kein Zweifel sein, daß die Negation des Nathan erst in einem Augenblick zum *politischen Programm* wurde, als an die Stelle des *religiös* begründeten Antijudaismus jener, um 1880 zumal von der sogenannten Berliner Bewegung des Hofpredigers Stoecker beförderte, auf dem *Rasse*-Gedanken basierende Antisemitismus trat, mit dem verglichen sich selbst Treitschkes berüchtigte Antisemiten-Kampagne eher akademisch-besonnen ausnahm. (Und das will, wie die Dokumente zeigen, viel heißen.)

»Die Religion«, rief im Verlauf der Reichstagsdebatte von 1880 über die Judenfrage der Abgeordnete Hänel aus, »ist eine Angelegenheit, über die sich diskutieren läßt... aber bei dieser nach meiner Meinung leichteren Färbung hat die (antisemitische) Bewegung nicht innegehalten, sie ist rund und voll übergeleitet in die Frage der Rasse... und das ist die aufregendste, die tiefgreifendste, ich scheue mich keinen Augenblick zu sagen, die perfideste Wendung, die die Sache nehmen konnte; ja, die *perfideste*..., denn die Nation, der ich angehöre, die Rasse, zu der ich geboren bin, das ist ein Fatum, welches über mich verhängt ist; das kann ich nicht abschütteln, da kann ich mich nicht korrigieren, da bin ich nicht verantwortlich. Meine Herren, die Feindschaft, der Haß, welcher gegen die Rasse erregt wird, richtet sich nicht gegen einzelne Untugenden, sondern er richtet sich gegen den ganzen Menschen. Meine Herren, diese Erregung von Haß und Feindschaft gegen die Rasse ist die Leugnung, sie ist die praktische Untergrabung der Fähigkeit, sich zum allgemeinen Menschentum auszubilden.«

Rassenhaß anstelle von religiösem Antijudaismus: Das ist der *eine* Akzent des neuen und eigentlichen Antisemitismus in Deutschland – der präfaschistische; der andere – nicht minder bedeutsam, zudem mit längeren bis in die Zeit des Hoffaktoren-Merkantilismus reichenden Wurzeln versehen: der sozialpolitische, der den Juden zum Nutznießer einer gestern feudalistischen, heute liberal-kapitalistischen, gestern von Wucher, heute von Spekulation und Börsenjobbern bestimmten Wirtschaftsordnung macht – zum Nutznießer, der, in Finanzoperationen seit Jahrhunderten geschult, sein Erstgeborenenrecht in einer Weise ausspiele, daß er, der Jude, zum Herrn und der Deutsche darüber zum Knecht werde. Unzumutbar, rief in der Debatte vom Jahre 1880 der Abgeordnete und Hofprediger Stoecker aus (einer Debatte, als deren stumme und betroffene Zuhörer Lessing, Dohm und Humboldt nie aus den Augen zu verlieren sind), unzumutbar sei es, daß eine halbe Million jüdischer Mitbürger, einem anderen Stamm angehörig, im deutschen Volk eine Stellung einnehme, die ihrem Zahlenverhältnis durchaus nicht entspräche.

Widerruf der Ring-Parabel im Zeichen von Rassenhaß und Neid auf jene ökonomisch scheinbar Bevorzugten, in denen man nicht die *Exponenten*, sondern die *Wegbereiter* und *Protagonisten* der modernen, dem Ständestaat und der altväterlichen Werteordnung den Garaus machenden Organisation des kapitalistischen Wirtschaftssystems erblickte.

Kampf gegen das Judentum: das bedeutet auch 1880 noch – Gelächter hin, Gelächter her – Kampf mit Lessings Schatten, und der Herr Hofprediger, der seinen »Nathan« kannte, zumal den Patriarchenpart (»Tut nichts, der Jude wird ver-

brannt«), suchte, um einerseits seinen Lessing und andererseits seinen Antisemitismus zu retten, einen Ausweg aus dem Dilemma mit Hilfe eines Täuschungsmanövers, das den Fanatiker verrät, der gleichwohl seine klassische Bildung nicht preisgeben möchte: »Man beruft sich auf das Vermächtnis Lessings. Meine Herren! Führen Sie doch nicht immer ein literarisches Ereignis, welches mehr als hundert Jahre alt ist, für politische Fragen der Gegenwart an. Und außerdem, der Nathan der Weise Lessings war gar kein Jude, sondern, meine Herren, der Jude im Nathan ist ein Christ.« (*Widerspruch links*. Darauf Stoecker, nunmehr endgültig in die Ecke getrieben: »Ja gewiß, meine Herren, innerlich.«)
Da wird aus Schwarz Weiß, aus Weiß wird Schwarz gemacht, der Jud zum Christ erklärt und die Minorität kurzweg in den Rang einer mächtigen Gruppe erhoben, die sich, arrogant und selbstgerecht, als Majorität aufzuspielen beliebe und – so hatte schon Luther gesprochen – im deutschen Volk lebe wie die Made im Speck: »Meine Herren! Neulich ist hier in einem benachbarten Kreise die Leiche eines Gestorbenen gefunden worden. Sie wurde untersucht, und dabei war ein jüdischer Kreisphysikus, ein jüdischer Wundarzt und ein jüdischer Referendar. Nur die Leiche war deutsch.« (Große Heiterkeit) »Meine Herren, wir wünschen nicht, daß dieses das Schicksal von Berlin, das Schicksal der großen deutschen Städte werde; wir wollen unser Volk erhalten durch die wirklichen Lebenskräfte; und seien Sie überzeugt, bei diesem Versuch wird unser Volk hinter uns stehen.«
Gesprochen, am 20. November 1880 zu Berlin, vom Hofprediger Seiner Majestät: genau hundert Jahre nach dem Beginn jenes christlich-jüdischen Gesprächs in Deutschland, dessen Einsatz furios, dessen Fortgang kläglich, weil einseitig war: eher jüdische Selbstrede als Wechselgespräch von gleich zu gleich – man stelle sich vor: Heine hätte einen Partner vom Schlage Lessings gehabt! – und dessen Ende elend wirkt: Während die einen – man erinnere sich an Rathenaus Sätze! – ungeachtet aller Demütigungen immer noch in totaler Assimilation ihre einzige Chance erblickten und nicht aufhörten,

Geistergespräche zu führen: so, als sei die Zeit nicht endgültig dahin, da der Höhepunkt deutscher Kultur mit dem Beginn – und schon Finale! – des christlich-jüdischen Gesprächs zusammenfiel: eins das andere bedingend ... während die einen, die Juden, bei ihrem Riesserschen Bekenntnis blieben: der Mutter Deutschland freilich mehr und mehr Reverenz als dem jüdischen Vatergott zollend, hielten die anderen, die Christen, auf Distanz und kühle Reserve. »Einverleiben lassen sie sich, aber einvergeistigen nicht«, schrieb selbst Theodor Fontane, der alles andere als ein Antisemit war – und sei's auch nur deshalb, weil er wußte, daß, wie er schrieb, die x-beinigen Cohns immerhin den Lauf der Zeiten begriffen, während Itzenplitz »an seiner Lokomotive zoppt und ›brr‹ sagt und sich einbildet, sie werde stillestehn wie ein Ackergaul«. (Und dann, auf der anderen Seite, selbst bei einem Fontane, doch wieder das große Lamento über die »Unzureichendheit von Taufwasser«, die diesem *schrecklichen Judenvolk* nun einmal nicht jene Urbanität könne zukommen lassen, derer es bedürfe, um für die arische Welt erträglich zu werden.)
Wen immer, nehmt Mommsen aus und den anderen großen 48er, Rudolf Virchow natürlich ... wen immer man auch zitiert unter den Großen der Nation, Fontane oder, auf dem Berliner Katheder, Harnack in seinem unermüdlichen Kampf gegen das Alte Testament und dessen kanonische Geltung: Ein *Gespräch*, geschweige denn eine *Symbiose* im Sinne einer Kulturgemeinschaft, wo Geben und Nehmen einander die Waage halten, hat es nicht einmal ansatzweise gegeben. Wenn hier einer schenkte, dann sind es die Juden gewesen; und wenn einer Geschenke nahm, dann waren es diejenigen, deren Kultur ein Discontinuum ohne Wegemarken-Setzung wäre, hätte es Freud und Marx, Heine und Kafka, Einstein und Schönberg nicht gegeben.
Deutsch-jüdische Symbiose: Das ist ein Trugtraum; denn Symbiose setzt Koexistenz zweier Gruppen auf der Basis von Gleichberechtigung, setzt ständigen Austausch, gegenseitigen Nutzen und fruchtbares Wechselspiel bei Erhaltung der

Identität beider Partner voraus; doch diese Identität eben hatten die Juden zum Opfer zu bringen: in welchem Ausmaß, das beweist exemplarisch bereits Moses Mendelssohns Übersetzung des Pentateuch, diese – an der Lutherschen Version, aber auch an der Fassung von Buber-Rosenzweig gemessen – *artig-behutsame* Eindeutschung der mosaischen Schrift, die alles, was fremd, rudimentär, archaisch und verwegen rascher Eingemeindung im Wege steht, nivelliert, indem sie lapidaren Bericht und mythische Rede in die Koine der Gebildeten überträgt, ins Teestuben-Deutsch jener jüdischen Bourgeoisie, die sich bald darauf in der humanen Vorbildlichkeit Nathans des Weisen wiedererkannte und nicht in den Märtyrern ihrer Nation, nicht in den geschundenen, auf die Prophetie vom Sinai eingeschworenen Vätern und schon gar nicht im Wucherer Shylock, der in seiner Entsetzlichkeit, dem Ineins von Komik und tragischer Größe, im Zeitalter der Toleranz ins Gesittet-Humane, so glaubte man, umfunktioniert worden sei – eben in Nathan, den Weisen, der mit dem *wirklichen*, gerade erst aus dem Ghettoelend entlassenen Juden so wenig zu tun zu haben schien wie die Bilderrede des Pentateuch mit Mendelssohns deutscher Bibel.
Nathan, ein Jude ohne Volk im Traumreich der Humanität – stimmt das wirklich? Nathan – ein edler Hoffaktor? Eine Art Jud Süß, der seine Sexualität über der Lessing-Lektüre vergißt? Nathan – ein emanzipierter Bürger jüdischer Religiosität, mit dem, als einem kultivierten einzelnen, sich – bei Verachtung des jüdischen Volks – so ungeniert Umgang pflegen läßt wie mit einem Wagnerschen Hermann Levi oder einem Fontaneschen Amtsrichter Friedlaender? Nathan: das gute Gewissen der offenen und versteckten Antisemiten und zugleich, für die Juden, das ebenso verführerische wie gefährliche Bild eines Assimilierten?
»Wir sollten verzichten« – hat ein bedeutender Jude unserer Tage, der verehrungswürdige Ernst Simon in Israel unter dem Eindruck des Holocaust geschrieben – »wir sollten verzichten auf Nathans blasse Judenschemen, die es im 18. Jahrhundert noch nicht gegeben hat, wohl aber im 19., als seine

Maxime ›So ganz Stockjude sein zu wollen, geht schon nicht, und ganz und gar nicht Jude geht noch weniger‹ besonders in ihrem ersten Teil zu einem Leitsatz der jüdischen Geschichte Europas wurde. Denn dies ist der Schlüssel zu Nathans historischer Stellung: er hat keine adäquate Zukunft und Gegenwart gestaltet, aber eine ihn nachahmende Zukunft mitbewirkt. Kein lebendiger Jude hat den Nathan, und sei es auch nur als Modell, mitgezeugt: aber Nathan hat in Verbindung mit der sozialen, politischen und geistigen Entwicklung Hunderttausende von Scheinjuden nach seinem Ebenbilde gemacht. Wir aber, die wir Lessings tapfere Humanität gerade in unserer jungen Nationalbewegung brauchen können, wir wenden uns dennoch von seinem blassen und blutlosen Judenbild ab und hören lieber mit Heinrich Heine in der Nacht des Jom Kippur Shylocks Stöhnen und Rufen: ›Jessica, mein Kind‹.«

Nathan-Utopie eines Weltbürgers jüdischen Glaubens und kein im Hier und Heute, der Soziallandschaft des 18. Jahrhunderts, angesiedelter Israelit? Nein, Ernst Simon irrt: In Wahrheit ist der Lessingsche Nathan keineswegs ein Schattenbild aus dem Lehrbuch der Philanthropie, keine erklügelte Märchenfigur und kein gesellschaftsferner homo humanus, sondern Jud aus Fleisch und Blut: ein Kaufmann (wie Mendelssohn), der Zinsen eintreibt und nüchterne Handlung höher als die hehre Schwärmerei einschätzt – nicht zu seinem Nachteil übrigens: Ganz so weit entfernt von Shylock sind wir denn doch nicht bei diesem Reichen, dem seine Säckel schließlich nicht nur die Barmherzigkeit gefüllt haben dürfte, wohl aber jene *handfeste Rechtschaffenheit*, die er mit seinem alter ego Moses Mendelssohn teilt – er, dessen sehr konkretes Judesein in keinem Augenblick vergessen wird: aus christlicher Sicht (»der reiche Jude war mir nie der bessre Jude«) so wenig wie aus der Perspektive des Muselmanen: »Er bleibt ein Jude, der so ganz und gar nur Jude scheinen will.«

»Ausbund von Jude«, »jüdischer Wolf«, »doch zeichnet er im Schlechten sich nicht minder als im Guten vor allen andern Juden aus«: Nein, ein blutleeres Schemen ist er gewiß nicht, dieser Israelit, der gezwungen ist, sich zu tarnen, weil, den Zeitläuften entsprechend, Wahrheit nur in der Rätselsprache des Märchens erzählt werden kann: erzählt von einem Mann, dem das Stockjudesein immer noch besser als das Leugnen allen Judentums erscheint.

In der Tat, Lessing hat kein Stück geschrieben, das von der sozialen Wirklichkeit der deutschen Judenheit abstrahiert: Wäre Nathan tatsächlich eine Schattenfigur – es hätte gewiß nicht so viele Kritiker gegeben, die sich über diesen Kaufmannsjuden so sehr empörten, Immanuel Kant allen voran. (»Kant«, schrieb Hamann 1779 an Herder, »... kann [nun einmal] keinen Helden aus diesem Volk leiden. So streng ist unsere Philosophie in ihren Vorurteilen.«)

Nathan der Weise: Das ist ein Mensch, der als die große erkennbare Ausnahme – reich, klug, demütig, witzig: eine Mischung aus Hofjude und Baruch Spinoza – das Außenseiterdasein seines Volkes um so sichtbarer macht – das Elend einer Minorität, die stellvertretend für die Unterdrückung *aller* Minderheiten steht: »Ein Glück für uns (Juden)«, so Moses Mendelssohn, »wenn man auf die Rechte der Menschheit nicht dringen kann, ohne zugleich die unsrigen zu reklamieren.«

Hier Mendelssohn, mit der Identifikation von Emanzipation der Judenheit und Emanzipation der Vernunft, und dort Lessing mit seiner vom frühen Lustspiel »Die Juden« bis zum »Nathan« unablässig wiederholten These, daß es die am Beispiel der diskriminierten Israeliten widerlegten *Vorurteile* seien, die die Vernunft hinderten, in ihre angestammten Rechte zu treten: Kein Zweifel, da wurde vor zweihundert Jahren, in Berlin und Wolfenbüttel, ein deutsch-deutsches Gespräch – und nicht etwa ein deutsch-jüdisches! – eingeleitet, das, wäre es fortgesetzt worden, gewiß nie zu einer *Symbiose*, wohl aber – zumindest in der Literatur – zu einer *Partnerschaft* geführt hätte, wie sie im Dialog zwischen Mendelssohn und Lessing Wirklichkeit wurde von einer Überzeugungskraft, die die Juden glauben ließ, das einmal Begonnene werde, wo es schon keine Fortsetzung fand, sich eines Tages doch wiederholen.

Nun, die Juden in Deutschland täuschten sich – und hatten doch keine andere Wahl: Nicht im Kaftan, sondern nur auf dem Weg einer Annäherung an die fortschrittliche Intelligenz aus dem Kreis des liberalen deutschen Bürgertums war Emanzipation zu gewinnen – nur durch Assimilation, will heißen: durch Übereinkunft auf der Basis der Vernunft mit jenen Christen, die, wie es 1775 in Wielands »Teutschem Merkur« hieß, einsahen, daß es die *Christen* waren, die die Unglücklichen gedrückt und sich von ihrem Fett genährt hatten: »Seid Menschen! Laßt sie uns aufnehmen als Brüder. Tut an ihnen, was ihr wollet, daß man euch täte.«
Nein, es gab für sie keinen anderen Weg als den von ihnen eingeschlagenen: Es war nicht ihre, sondern der Dialogverweigerer auf der anderen Seite Schuld, daß der Assimilationsprozeß zunächst zur Aufgabe jüdischer Identität und, kaum war diese vollzogen, zur Aufgabe der Existenz führte; es war nicht Konsequenz, sondern Paradoxie – und zwar eine geschichtlich begründbare und zu verantwortende, und nicht irgendein »tragisches« Fatum –, daß der im Nathan beschriebene Holocaust (»alle Juden... insgesamt verbrennen müssen«) Wirklichkeit wurde und die von Mendelssohn – 28. Juli 1780 – auf den Begriff gebrachte Situation eines deutschen Juden zwiefach, im Kaiserreich und im Nationalsozialismus, potenziert werden sollte: »Ich ergehe mich des Abends zuweilen mit meiner Frau und den Kindern. ›Papa‹, fragt eins, ›was ruft uns jener Bursche dort nach? Warum werfen sie mit Steinen hinter uns her? Was haben wir ihnen getan?‹ ›Ja, liebster Papa‹, spricht ein anderes, ›sie verfolgen uns immer in den Straßen und schimpfen Juden! Juden! Ist denn dieses so ein Schimpf bei den Leuten, ein Jude zu sein?‹ Ach, ich schlage die Augen nieder und seufze mit mir selbst: Menschen! Menschen, wohin habt ihr es kommen lassen.«
Worte eines deutschen Juden, formuliert in der Form einer Klage, die den Charakter einer Bitte hatte, aus der sich später, mit fortschreitender Assimilation, ein Angebot ergab. Aber beides, Bitte und Angebot, wurden nicht akzeptiert; Lessings Traum sah sich ins Gegenteil verkehrt: der Traum von einem

Land Utopia, dessen Konturen er in seinem letzten Brief beschrieb – einem jener beiläufig gehaltenen Manifeste, wie er sie zu formulieren liebte und worin er Mendelssohn seinen jüdischen Hausfreund – Daveson hieß er –, dem die Zeitläufe übel mitgespielt hatten, herzlich anempfahl: »Er will von ihnen nichts, lieber Moses, als daß sie ihm den kürzesten und sichersten Weg nach dem europäischen Land vorschlagen, wo es weder Christen noch Juden gibt. Ich verliere ihn ungern, aber sobald er glücklich da angelangt ist, bin ich der erste, der ihm folgt.«

Geschrieben am 18. Oktober 1780 – genau hundert Jahre, bevor Adolf Stoecker im deutschen Reichstag Nathan zum Christen erklärte: zu einer Zeit, als sich unter gebildeten deutschen Juden der Brauch eingebürgert hatte, ihren Söhnen, zum Zeichen der Erinnerung, Verpflichtung und Hoffnung, einen ungewöhnlichen Zusatzvornamen zu geben: Lessing.

Den Namen eines Mannes, dessen Lebenswerk, wie Auschwitz zeigt, von seiner Nation so wenig angenommen worden ist wie die Bitte der Judenheit, der Aufklärung in Deutschland eine Heimstatt zu geben.

»Die alten Zeiten niemals zu verwinden«

Aus Anlaß des 50. Jahrestages der Bücherverbrennung in Deutschland

»Wir bekämpfen mit allen zu Gebote stehenden Mitteln die Träger jenes jüdischen Geistes, dessen Auswirkungen deutsches Volksbewußtsein zerstört, deutsche Tatkraft ausgemergelt, deutsche Kunst verseucht, deutschen Idealismus im Schlamme des Materialismus erstickt haben... Wir bekämpfen die unglückseligste Hirngeburt unserer Epoche, den selbstentmannenden Pazifismus, und brandmarken ihn wegen seiner die Volkskraft zersetzenden Wirkung als Hochverrat an unserer Nation. Wir werden immer und immer wieder das wahre Wesen der sogenannten Demokratie enthüllen... Wir laufen Sturm gegen den undeutschen Parlamentarismus, der sein Möglichstes getan hat, um das Deutsche Reich zu zertrümmern und der niemals die Tatkraft aufbringen wird, die für den Neubau des Reiches nötig ist«: Nein, das sind keine »Flammensprüche« von 1933; da wird nicht, vor dem Bücherscheiterhaufen, dem siegreichen Janhagel die Gasse geöffnet – nieder mit Juden, Pazifisten und Parlamentariern aller Couleur! –, da artikuliert sich vielmehr, 1923: zehn Jahre vor dem großen Autodafé, in einem Grundsatzpapier der Geist der militanten akademischen Rechten; da macht eine Erzfeindin der Republik von Weimar, die nationalistisch gesinnte Majorität der Studenten, deutlich, wo der Feind zu suchen sei – der Feind aller Deutschen; da bringt die Sprache zutag, wie man, sobald die Macht errungen sei, mit diesen Feinden umzuspringen gedenke.
Die Bücherverbrennung vom Mai 1933 hat, man kann es nicht oft genug sagen, den Charakter eines Spektakels, das – weit entfernt von Spontaneität, Improvisation und momentanem

Sich-Auslassen – fünfzehn Jahre lang aufs sorgfältigste einstudiert worden war: Punkt für Punkt vorbereitet von einer republikfeindlichen Rechten, die, in akademischen Rundbriefen so gut wie in den Verlautbarungen konservativer Zeitschriften, die Steckbriefe ihrer am Tag X der Vernichtung preisgegebenen Gegner ausfertigte: und das in honorigen Gazetten, nicht im »Völkischen Beobachter«, sondern in den »Süddeutschen Monatsheften« zum Beispiel, in denen die Auseinandersetzung mit der Psychoanalyse als »Stellungnahme für oder gegen die Seele, für oder gegen das Ideal, für oder gegen Gott« interpretiert wurde. Sigmund Freud, ein Mann gegen Gott: wie kurz war der Weg, der von der *Brandmarkung* des intellektuellen Beelzebubs zur *Verbrennung* des Freudschen *Œuvres* führte: »Gegen seelenzerfasernde Überschätzung des Trieblebens, für den Adel der menschlichen Seele! Ich übergebe der Flamme die Schriften von Sigmund Freud.« Wie kurz auch der Weg von der Geißelung der Pazifisten, an der sich nicht zuletzt die Kirchen beteiligten (»Kardinal Faulhaber«, heißt es, wiederum in den »Süddeutschen Monatsheften«, »hat in seiner Schrift ›Waffensegen des Gottessohnes‹ die Scheinargumente moderner Pazifisten in glänzender Exegese widerlegt«) – wie kurz der Weg von der Anprangerung des »widerchristlichen«, vom Ungeist der Aufklärung bestimmten Pazifismus bis zur Verbrennung der Schriften Friedrich Wilhelm Foersters: ins Feuer damit – und ausgelöscht die Vorträume der Friedensdenker von Erasmus bis Kant!

Und kurz schließlich auch – zuletzt, nein zuerst! –, wie kurz der Weg von jenen Traktaten, in denen der Jude, als Inbegriff westlicher Zivilisation und Exponent des liberalen Zeitalters, vom Deutschen, dem Stellvertreter eines Zeitalters, gesondert wurde, das von Helden und nicht von Händlern erfüllt sei. Ein winzig kleiner Schritt nur von der Ausgrenzung des Juden zur Verbrennung seiner Bücher, und abermals ein kleiner von der Verbrennung der Bücher zur Verbrennung der Leiber.

»Im gleichen Maße... in dem der deutsche Wille an Schärfe

und Gestalt gewinnt, wird für den Juden auch der leiseste Wahn, in Deutschland Deutscher sein zu können, unvollziehbar werden, und er wird sich vor seiner letzten Alternative sehen, die da lautet: in Deutschland entweder Jude zu sein oder nicht zu sein.« Der dies geschrieben hatte, anno 1931, ein Nationalist – nicht Nationalsozialist! – namens Ernst Jünger, war im Geiste dabei, als am 10. Mai 1933 die Flammen in Berlin und München, Köln und Königsberg die, wie es hieß, Erzeugnisse eines »volksfremden Journalismus demokratisch-jüdischer Prägung«, die Werke eines Theodor Wolff und Georg Bernhard, verzehrten.

Dabei waren die konservativen Publizisten, die, mitten in der Republik, Heft für Heft jene Schriftsteller »vorgemerkt« hatten, die, als es dann soweit war, die Ehre hatten, in einem makabren, von Banausen nach Laune und Willkür zusammengestellten Reigen die Vortänzer zu spielen: Karl Marx neben Ernst Glaeser, Sigmund Freud neben Werner Hegemann, Erich Kästner neben Karl Kautsky – ein Pandämonium, von Feinden der Kultur und Gesittung erdacht, deren Totschlagelust so groß wie ihre Unbildung war.

Dabeigewesen – auf der falschen Seite: der Verbrennenden und nicht der Verbrannten – sind am 10. Mai 1933 all diejenigen, die in der verhaßten Demokratie die Stunde der großen Abrechnung erträumt hatten – den Tag, an dem »gesunde« Gewalt dem »kranken« Geist das letzte Stündlein einläutete: »Ach erlebten wir den Tag« – schrieb Friedrich Georg Jünger nach dem Erscheinen des »Zauberberg« von Thomas Mann –, »an dem sich eine junge kühne Mannschaft gegen den Zauberberg hinaufbewegte, mit Holzfälleräxten und mit diesen prachtvollen Äxten den ganzen Zauberberg in Scherben und Trümmer schlägt.«

Dabeigewesen sind, am 10. Mai 1933, Deutschlands Professoren, die einem Erich Ludendorff das Ehrendoktorat verliehen, sich aber weigerten, auf einer und derselben Tribüne mit dem demokratisch gewählten Staatsoberhaupt, dem Sozialdemokraten Ebert, die Plätze zu teilen.

Dabeigewesen sind die Studenten, die – ein exemplarischer

Vorfall! – im Jahre 1922 dafür plädierten, daß in allen klinischen Vorlesungen »die ersten vier Bankreihen nur von Studierenden germanischer Abstammung« besetzt werden dürften.

Dabeigewesen ist der akademische Mob, der demokratische Hochschullehrer bis in die Hörsäle hinein verfolgte: Die Fälle Cohn, Dehn, Gumbel, Lessing, Nasiawsky sprechen für sich.

Dabeigewesen sind nicht nur jene nationalsozialistischen Agitatoren in den Kreisen der akademischen Intelligenz, die in ihrem Hausblatt eine Sparte »vorgemerkt für später« einrichteten, in der Republikanern die Todesstrafe angedroht wurde; dabei waren, neben den nach einem Gerichtshof für abzuurteilende Demokraten verlangenden Nationalsozialisten, auch – und vor allem! – jene Vertreter eines bornierten *deutschen* Geistes, die in der Republik den *freien* Geist durch rigide Gesetzesentwürfe zum Schutze konservativer Sitten- und Moralvorstellungen zu beschränken suchten, wo immer es ging.

Dabeigewesen sind, am Tag der Bücherverbrennung, Funktionäre der Demokratie, die den Film »Im Westen nichts Neues« verboten – eine Dokumentation, die den Krieg zeigte, wie er in Wirklichkeit war – und nationalistische Fridericus-Rex-Produktionen ungeschoren passieren ließen.

Dabei, schließlich, sind am 10. Mai auch jene Schriftsteller gewesen, die am Ende der Republik von Weimar zum großen Halali bliesen: dem Endgericht, das zur Rettung Deutschlands gegen die verhaßten, auf den Menschheitsfrühling von 1789 anstatt auf den »heiligen Frühling« der Deutschen, den Aufbruch der Nation im August 1914 eingeschworenenen Intellektuellen zu inszenieren sei: »Wir stehen im Krieg«, heißt es 1932 in der Zeitschrift »Die neue Literatur«, »in bitterster Notwehr für unsere heiligen Güter, für Wesen und Art unseres Volkes. Wir stehen ... gegenüber einer frechen, schamlosen, mörderischen Gesellschaft wurzelloser, alles vergiftender und verseuchender Literaten und Asiaten, und so bleibt uns gar nichts anderes als Kampf bis zur Vernichtung ihres oder unseres Geistes, ihrer oder unserer Art in Deutschland. Ein Miteinander, ja auch nur ein Nebeneinander ist... heute unmöglich geworden. Fünf Gerechte in Sodom – vielleicht gibt es sie und Gott möge sich ihrer erbarmen –, aber darum muß Sodom doch mit Pech und Schwefel gereinigt werden.«

Man sieht, die Bücherverbrennung vom 10. Mai: das war weder eine spontane Landsknechts-Aktion der aufs Zündeln und Raufen begierigen Mannschaft noch ein vom Propagandaministerium im Stil der Reichsparteitage oder der Kundgebung zu Beginn des totalen Kriegs auskalkuliertes Spektakel. Es war vielmehr ein Fest, das sich die konservative Intelligenz, die akademische voran, zu Ehren Deutschlands gab. Ein Fest, an dem Korporationen im Wichs teilnahmen und Professoren von Rang und gelehrter Reputation vaterländische Ansprachen hielten. Ein Fest, für das die Deutsche Studentenschaft – und nicht etwa der Nationalsozialistische Studentenbund – verantwortlich war: *Sie* hatte die Vorbereitungen getroffen, die Thesen wider den undeutschen Geist und die Flammensprüche entworfen, *sie* das sich über Wochen hin erstreckende nationale Festival mit dem Höhepunkt der Weihe- und Flammenstunde vom 10. Mai strukturiert. Minister Goebbels war nicht Gastgeber, sondern Gast, und zwar einer, mit dem sich Staat machen ließ – kein hergelaufener Plebejer, sondern ein Mann mit akademischem Grad. (Goebbels – davon war am 10. Mai die Rede freilich nicht – hatte unter der Ägide eines jüdischen Professors, Max von Waldberg, über einen erzkatholischen Dramatiker romantischer Prägung, Wilhelm von Schütz, promoviert.)

Nein, das war nicht die Stunde der SA, dieser Abend des 10. Mai, an dem im Umkreis deutscher Universitäten: unter den Augen der großen Toten (die Gebrüder Humboldt schauten zu, in Berlin), der Geist des Fortschritts, der Humanität, des Friedens, der Toleranz und – auch dies! – des Patriotismus ins Exil gejagt wurde; es war die Stunde einer Intelligenz, die, nach 1848, ihre republikanische Mitgift verspielte, das Erbe der Göttinger Sieben – die Stunde einer Intelligenz, die im Kaiserreich stolz darauf war, mit ihren Universitäten, der

Berliner voran, das geistige Leibregiment der Hohenzollern zu stellen; es war das Triumphfest einer *societas academica*, die sich, mit Ausnahme einiger verfemter Linker und einer kleinen Schar von »Vernunftrepublikanern« – Troeltsch, Meinecke und Max Weber –, im Staat von Weimar mit seiner »Steckrübenrevolution« jener heiligen Viereinigkeit verpflichtet sah, die einer ihrer Vorsprecher, Ernst Jünger, mit dem Diktum beschwor, daß die Rettung der Nation von der geistigen Fundierung der »vier tragenden Grundpfeiler des modernen Nationalismus« abhängig sei, dem nationalen, dem sozialen, dem kriegerischen und dem diktatorischen Gedanken.

Revolutionärer, also absolut gesetzter und von der Aura einer »metaphysischen Wesenheit« umgebener *Nationalismus* in Verbindung mit *pseudosozialistischen* Vorstellungen von der Gemeinschaft der *Krieger* als dem Gegenorden zur Sozietät der Bürger und Zivilisten – einem Orden, der weder Argumentaustausch noch Abstimmungen kenne, sondern allein dem Wechselspiel von absoluter Befehlsgewalt und blindem Gehorsam verpflichtet sei, dem *Führerprinzip* als der Grundidee des autoritativ gegliederten Staates folgend: Diese unheilige Vierheit ist es gewesen – das magische Quadrat der revolutionären Konservativen –, die der akademischen Intelligenz den Nationalsozialismus, ungeachtet rüder Erscheinungsformen, als eine Ideologie erscheinen ließ, die, ihrem *Gehalt* nach zu vorbehaltloser Identifizierung einladend, lediglich im *Formalen* der »Vergeistigung« durch eine Art von »nationalem Generalstab der Köpfe« bedürfe – einer Aristokratisierung jener theatralisch-plumpen Momente, die zumal der Professorenschaft (den Studenten weniger) suspekt war. *Wenn* die gelehrte Welt etwas an der Bücherverbrennung abstieß, dann war es die *Form*: die allzu unbedachte Übernahme vorgegebener Muster – ein bißchen Luther, ein bißchen Aufbruch der Burschenschaft –, aber nicht das Faktum als solches: »Am Mittwoch ist nun die große feierliche Verbrennung der undeutschen Literatur vor dem Gefallenendenkmal der Universität« – Ernst Bertram, einer der bedeutendsten deutschen

Germanisten: Poet und Literarhistoriker sui generis, an einen Vertrauten –, »man ist der Meinung, daß ich dabei nicht fehlen dürfe... ich habe noch mit großer Mühe verhindert, daß Gundolf auf die Liste kam... ursprünglich hatte man noch viel weitergehende Absichten. Den ›Schandpfahl‹, auf den man die jüdischen Bücher (auch Gundolf) aufspießen wollte, haben wir noch verhindert. So, glaube ich, wird die unvermeidliche Kundgebung jetzt würdig verlaufen.«

Unvermeidlich und würdig: Was nach Auschwitz und Buchenwald, nach Treblinka und Majdanek als Präludium des Holocaust erscheint – der Tötung der Geister geht die Verbrennung des Geistes voraus –, hatte anno 1933 kaum mehr als die Bedeutung eines juvenilen Spektakels: Studenten kühlten ihr Mütchen an jener Literatur, die für sie der Inbegriff all dessen war, was sie unter »Liberalismus« verstanden – und die Professoren gaben ihr Placet dazu. (Nicht ohne Bekümmerung, wie sich versteht, wenn hier und dort ein »Gerechter« aus dem Kreis ihrer Freunde bei Sodoms Vernichtung mitverbrannt wurde.)

Der 10. Mai 1933: Das war der Tag, an dem besiegelt wurde, was in Deutschland nach 1848 längst beschlossene Sache war – der Widerruf der Aufklärung. Bücherverbrennung, das hieß: Absage an den Internationalismus der Literatur, Zurücknahme weltbürgerlicher Parolen, Aufkündigung jenes in Stellvertretung für zwei Religionsgemeinschaften zwischen Lessing und Moses Mendelssohn geschlossenen Pakts, der Deutschland die Würde einer vom Geist der Toleranz bestimmten Kulturnation gab.

10. Mai 1933: Das hieß Verrat von Rationalität und Vernunft; Preisgabe der Literatur zugunsten einer Dichtung, die keine war; Vernichtung der Kritik als eines Geschäfts der »Zersetzung«; Verhöhnung der von Hellsicht, Nüchternheit und Intellektualität bestimmten Publizistik als Inkarnation des entarteten, dem Volk entfremdeten Schrifttums. An *einem* Tag, in *einer* Stunde wurde auf den Begriff gebracht, was militante Konservative in Bismarck-Reich und Republik vorgedacht hatten; an *einem* Tag gewannen Schlagworte den

Charakter von Flammenzeichen, wurden ideologische Leitbegriffe zu Totschlagewörtern (und sind es bis heute geblieben), feierte das Antiwestlertum der »Stillen im Lande« seinen Triumph: Während auf der Straße die Verfolgung der Vogelfreien, der Kommunisten, Sozialdemokraten, Republikaner und Juden begann, sang Bruder Innerlich das hohe Lied der Kultur (der deutschen), des Widerparts westlicher Zivilisation, beschwor – in einem Augenblick, da die Nation sich in Schläger und Geschlagene zu teilen begann, das Ideal der Gemeinschaft und mobilisierte den Geist, um dem Intellekt den Garaus zu machen.

10. Mai 1933: Das war der Tag, an dem die jeunesse dorée endlich der Nation die seit langem vorbereitete Gegenaufklärung einläuten konnte. (»Die Aufklärung«, hatte einer der Vordenker des Nationalsozialismus, Moeller van den Bruck, 1922 geschrieben, »hat Europa entartet.«)

Am 10. Mai 1933 wurden nicht nur die Bücher einzelner Literaten, sondern die Gesetzbücher einer der Aufklärung verpflichteten Epoche mitsamt den sie prägenden Begriffen verbrannt. Liberalismus! (»Er hat«, noch einmal Moeller van den Bruck, »Kulturen untergraben und Religionen vernichtet. Er war die Selbstaufgabe der Menschheit.«) Demokratie! (Nach Houston Stewart Chamberlain die »organisierte Tyrannei«) Parlamentarismus! (»Die seelische Aufgabe des deutschen Volkes«, so die These einer konservativen Schlüsselschrift, Edgar Jungs »Herrschaft der Minderwertigen«, »wird durch keinen Umstand klarer bezeichnet als durch die Übernahme fremder Staatsformen im Jahre 1919.«) Zivilisation! Gesellschaft! Auf den Scheiterhaufen damit – und zwar guten Gewissens, da es ja nicht die Plebs nationalsozialistischer Sturmabteilungen, sondern die nationale crème de la crème gewesen war, die – nachzulesen in Kurt Sontheimers Standardwerk »Antidemokratisches Denken in der Weimarer Republik«, auch bei Martin Greiffenhagen: »Das Dilemma des Konservatismus in Deutschland« – den Bücherverbrennern den Glauben gab, daß sie am 10. Mai eine ihr von der Elite der Nation abverlangte Pflichtaufgabe erfüllten.

Pflichterfüllung hieß: die seit 1928, am Langemarcktag der deutschen Universitäten, gegen die Linksbürger und Sozialisten formulierten Drohungen in die Tat umzusetzen. Pflichterfüllung hieß: Parolen wie die vom numerus clausus für jüdische Intellektuelle – ein Programmpunkt von 1920! – angesichts der Scheiterhaufen wortwörtlich zu nehmen. Pflichterfüllung hieß nicht auf dem Wege liberalistischer Wahlprozeduren – Schlagwort: »Der Souverän verschwindet in der Wahlzelle« –, sondern mit Hilfe jener vorherbestimmten und zugleich selbstverantworteten Aktion Politik zu betreiben, durch eine Inszenierung mit Fackelschein und heiligem Schwur – über deren Wertigkeit, wie man gelernt hatte, nicht das Stimmige einzelner Thesen, sondern der *effort* als solcher, das Aufbruchsgefühl und ein Tatwille befänden, der seinen Sinn in sich selbst hätte: gerechtfertigt durch seine Dynamik und nicht verpflichtet, sein Recht zu beweisen. (»Nicht wofür wir kämpfen« – ein letztes Mal Ernst Jünger – »ist das Wesentliche, sondern wie wir kämpfen.«)
Kein Zweifel, hätte man sie gefragt, die akademischen Zündler von 1933, ob sie es für Rechtens hielten, Freud und Marx zu verbrennen, sie hätten, wären ihnen, dank eines Rests verbliebener intellektueller Redlichkeit, Zweifel gekommen, mit Ernst von Salomons Sentenz aus den »Geächteten« geantwortet, daß der Marsch ins Ungewisse Sinn genug bieten könne und daß das »Tun der jungen Mannschaft vielleicht Verbrechen, niemals aber Reaktion sei«.
Nun, es war *beides* – Verbrechen *und* Reaktion: Schandtat *und* Ausdruck gegenaufklärerischer Geistfeindlichkeit. Man handelte, wie man's gelernt hatte, berauschte sich – sofern man überhaupt fähig war zur Selbstreflexion – am Hochgefühl des Geistes, den Geist verraten zu haben... und sah sich, von gemeinsamer Aufbruchsstimmung getragen: in Erinnerung an den heiligen August-Frühling des Jahres 1914, in seinen Aktionen durch Institutionen bestätigt, die ihre Aufgabe, Sinn zu stiften und Werte zu setzen, im Sinne der Proklamation eines bornierten Nationalismus verstanden, die Universitäten voran, deren Hochschullehrerschaft sich von einem Tag

zum andern zu Adolf Hitler bekannte. (»Die Charaktere der Professoren fingen an sich zu entblättern gleich den Bäumen des Herbstes bei Nachtfrost«, hatte schon Jacob Grimm seinen Kollegen ins Stammbuch geschrieben.)
Das Schauspiel von 1914 feierte, nunmehr zur Fratze entstellt, fröhliche Urständ. Spielten, wie's der Chauvinismus der Stunde verlangte, die Gelehrten Trompete, so griff die Geistlichkeit zur Posaune – im Lutherrock so gut wie in der Soutane: Während die Evangelischen »zur Wende der Geschichte ein dankbares Ja« artikulierten (»Gott hat uns die Wende geschenkt, ihm sei Ehre«), zogen Katholiken, vertreten durch Kardinal Faulhaber, aus solcher Wende gleich noch die Konsequenz: »Nach dem Tode Christi«, ließ der Kardinal anno 33 in einer Predigt verkünden, »wurde Israel aus dem Dienst der Offenbarung entlassen... Die Tochter Zion erhielt den Scheidebrief, und seitdem wandert der ewige Ahasver ruhelos über die Erde«: *So* nahm sich, zu Beginn der nationalsozialistischen Herrschaft, die geistliche »Begleitung« der am 10. Mai 1933 mit dem Kainszeichen der Vernichtung gebrandmarkten jüdischen Autoren aus – »Zion erhielt den Scheidebrief« als kirchliches Echo antisemitischer Flammenparolen!
Nein, Verbündete – Freunde gar! – hatten die am 10. Mai an den Pranger gestellten Schriftsteller so wenig wie jene Autoren, denen ex officio in den Spalten des »Börsenblatts für den deutschen Buchhandel« bescheinigt wurde, daß ihre Werke fortan unter die Rubrik »unerwünschtes Schrifttum« fielen und sie selbst, von seiten nationaler Bibliothekare, einer von dreien eigens für sie geschaffenen Gruppen zugeordnet würden: »Gruppe 1«, heißt es im Börsenblatt vom 16. Mai, »fällt der Vernichtung (Autodafé) anheim, z. B. Remarque. Gruppe 2 kommt in den Giftschrank, z. B. Lenin, Marx. Gruppe 3 enthält die zweifelhaften Fälle, die eingehend zu prüfen sind, ob später zu Gruppe 1 oder 2 gehörig, z. B. Traven.«
Säuberung in Etappen lautete die Parole: Dem Aktionismus der Studenten entsprach – weniger dramatisch, dafür wirkungsvoller – die bürokratische Epuration der Bibliothekare: Was

am Anfang nur für zwölf Schriftsteller galt, von Lion Feuchtwanger bis Arnold Zweig, hatte binnen weniger Jahre Gültigkeit für deren Tausende: »Der Vorstand des Börsenvereins der Deutschen Buchhändler ist sich mit der Reichsleitung des Kampfbundes für deutsche Kultur und der Zentralstelle für das deutsche Bibliothekswesen darin einig geworden, daß die zwölf Schriftsteller« – es folgen die Namen – »für das deutsche Ansehen als schädigend zu erachten sind. Der Vorstand erwartet, daß der Buchhandel die Werke dieser Schriftsteller nicht weiter verbreitet. Leipzig, den 11. Mai 1933. Der Gesamtvorstand des Börsenvereins der Deutschen Buchhändler zu Leipzig.« Mit diesen Worten wurde der Exodus von, nehmt alles in allem, neun Zehnteln – wenn nicht mehr – der deutschen Literatur eingeläutet.

Neben Teilen der organisierten Arbeiterschaft waren – Ehre für die Vertriebenen, Verpflichtung für ihre Nachfahrn – die Schriftsteller die einzigen, die den Nationalsozialisten gegenüber *in toto* Würde bewahrten. Taten sie es nicht – wie unter den Poeten von Rang allein Gottfried Benn und Gerhart Hauptmann –, dann wurde von seiten der Exilierten, hier durch Klaus Mann und dort durch Alfred Kerr, das Tuch zwischen den Verrätern und den Verjagten in einer Weise zerschnitten, mit alttestamentarischen Flüchen, einem »Nicht gedacht soll seiner werden« und einer Kraft des Brandmarkens, die verdeutlicht, daß hier einzelne – Isolierte, über die Welt zerstreute – jene Identität von Moral und Kunstfertigkeit vorlebten, die, unter widrigsten Bedingungen glaubhaft praktiziert, den Autoren das Recht gab, Institutionen, wie den Universitäten und Kirchen, den Spiegel vorzuhalten: den Spiegel der Wahrheit, der Schande.

Hüben die organisierte Arbeiterschaft, drüben von Linksbürgern, libertären Sozialisten und Radikaldemokraten bestimmt, die Phalanx von Schriftstellern, die für würdig befunden wurden, den Nationalsozialisten als nur durchs Feuer zu besiegende Feinde zu gelten: Da wird, im Zeichen der Niederlage, noch einmal jene Verbindung zwischen den beiden Lagern der republikanischen Avantgarde sichtbar, die vor allen anderen Heinrich und – später! – Thomas Mann wieder und wieder beschworen haben – beschworen im Appell an die Sozialdemokratie, das von der Bourgeoisie preisgegebene Vermächtnis der Aufklärung in Hegelscher Manier aufzuheben: zu bewahren und, als Besitz für jedermann, auf einer höheren Stufe neu zu gewinnen.

Ein vergeblicher Versuch; vergeblich und, dank einer konservativen Fronde, die sich fünfzehn Jahre lang auf die kommende Abrechnung mit den Advokaten des »Systems« von Weimar vorbereitete, eher illusionär als realistisch. Was blieb, war Einsicht, Erkenntnis gesetzter Grenzen, Wissen um die Kraft der Literatur, die sich am sichtbarsten in der Ohnmacht bewährt und das Behaupten von Humanität im Exil: wo immer es sich befand. (Auch Ricarda Huch – diese einzige zumindest – hat, wiewohl in Deutschland bleibend, das Exil mit den Vertriebenen geteilt!)

»Die deutschen Schriftsteller«, so Klaus Manns Resümee, »es darf mit Genugtuung konstatiert werden, haben sich im Jahre 1933 besser bewährt als irgendeine andere Berufsklasse. Die Zahl derer, die sich... korrumpieren ließen, ist... gering, verglichen mit der... Liste gleichgeschalteter Philosophen, Historiker, Juristen, Ärzte, Musiker, Schauspieler, Maler, Pädagogen. Die weitaus meisten Autoren stellten sich sofort und aufs entschiedenste gegen eine Diktatur, an deren zutiefst *geistfeindlichem* Charakter für einen Klarsichtigen kein Zweifel bestehen konnte. Ein Massenexodus der Dichter setzte ein; noch nie zuvor in der Geschichte hat eine Nation so viele ihrer literarischen Repräsentanten eingebüßt... Die literarische Emigration konnte sich sehen lassen; in ihren Reihen gab es Ruhm, Talent, kämpferischen Elan. Während die Parteifunktionäre sich zankten, hielten die Schriftsteller zusammen; man wußte, was man wollte; die Forderung des Tages erschien klar vorgezeichnet.«

Respekt den Vertriebenen; Respekt der anti-, der nichtfaschistischen Literatur unseres Landes, in deren Namen der große Alfred Kerr seinem Freund und bewunderten Weggefährten, dem Dichter Gerhart Hauptmann, nach dessen Sündenfall im

Jahre 1933, zurief: »Hauptmann, Gerhart, ist ehrlos geworden... Sein Andenken soll verscharrt sein unter Disteln; sein Bild begraben im Staub.«

Nun, Hauptmanns Andenken ist *nicht* verscharrt, sein Bild *nicht* begraben in Staub – und das ist gut; gut, weil dem Verbrennen von Büchern weder durch Vergessen noch durch Verscharren, sondern allein durch Eingedenken der Literatur Paroli geboten werden kann.

Wenn etwas die Besonderheit der Poesie ausmacht, dann dies: daß sie nicht tilgt, sondern bewahrt, nicht richtet, aber auch nicht vergißt. Ihre wichtigste Mitgift ist das Gedächtnis, und darum ist es ihre Aufgabe, gerade an einem Tag wie diesem daran zu erinnern, wie wenig wir immer noch von den Vertriebenen wissen, ihren Lebensumständen im Exil, ihrem literarischen Vermächtnis, der Botschaft, die sie uns, von irgendwoher, kassiberähnlich wollten zukommen lassen: wie wenig von Schriftstellern, deren Schicksal es war, daß ihnen – nach einem berühmten, aber wenig bedachten Wort – die Fremde nicht Heimat wurde, aber die Heimat Fremde.

Machen wir uns nichts vor, am Ende, wir Schriftsteller in der Bundesrepublik und hier im Westen Berlins: Wir leben in einem Land, in dem Autoren, die einmal den Nationalsozialismus hoffähig machten, hochgeachtet und dekoriert sind, während die Namen unzähliger Exilierter kaum mehr als Schall sind und Rauch. Wer kennt Armin T. Wegner, wer selbst Alfred Kantorowicz, der sich nach der Befreiung Deutschlands vom Faschismus als erster um die Eingemeindung der Exilliteratur mühte: bestrebt, Hitlers Ziel, die deutsche Kultur zu zerschlagen, Schritt für Schritt rückgängig zu machen – eine Aufgabe, die auch heute, fünfzig Jahre danach, immer noch Postulat bleibt. Nein, er hat nicht Eingang gefunden in unsere Schulbücher, der Geist der verbotenen und verbrannten Bücher von zweitausend Gerechten, der Geist von Kantorowicz' »im Exil gesammelter Freiheitsbibliothek«. Wir leben in einem Land, das von Hindenburg-Alleen wimmelt – allenfalls in den Vorstädten Kurt-Tucholsky-Gäßchen hat und sich zu gut dafür war, zwei Hochschulen nach Emi-

granten, einem Juden, der im Exil starb, und einem im Konzentrationslager Malträtierten, nach Heinrich Heine und Carl von Ossietzky, zu benennen.
Wir leben in einem Land, in dem man Schriftsteller – zum zweiten Mal! – mit Ungeziefer verglichen und sie in einer Schanddokumentation als Wegbereiter des Terrorismus an den Pranger gestellt hat, in einem Land, wo – einerlei, ob aus Ignoranz oder skrupelloser Wiederholung von Totschlagvokabeln – das Wort »Entartung« – »Afterkultur!« – erneut die Runde macht: An einem Tag, wo, wie am 10. Mai, sinnfällig wird, wie klein der Schritt vom Inkriminieren zum Vernichten, von der Androhung der Exekution zur Exekution selbst ist, sollte es nicht überflüssig sein, Politiker und Publizisten an die Vernichtungspotenz von Vokabeln zu erinnern, deren Sprengkraft sich schon einmal erwies.
Wir leben in einem Land, in dem, wie in den zwanziger Jahren, von seiten der Konservativen danach gerufen wird, daß endlich wieder alte deutsche Tugenden, Fleiß und Treue, Arbeitswilligkeit und Disziplin, Heimat- und Vaterlandsliebe ins Spiel gebracht werden sollen: Da wird es hohe Zeit, daß gerade die Schriftsteller, diese Partisanen der Besiegten und Opfer, die sich selbst aufgeben, wenn sie zu Spießgesellen der Macht werden... da wird es Zeit für die Erinnerungshüter, die Politiker daran zu erinnern, daß, im Gegensatz zur konservativen Tugendlehre, die »Werte« als solche – nicht gesellschaftsbezogen und unbestimmt in ihrem Wohin – überhaupt nichts bedeuten: Ehre und Treue! Die kann sich in verpflichtender Arbeit mit den Ausgestoßenen der Gesellschaft bewähren – und, den Gesetzen einer autoritären Staatsführung folgend, auch im Kampf gegen sie (der Wahlspruch der SS hieß »Deine Ehre heißt Treue!«). Fleiß und Arbeitswilligkeit können dienen, eine humane Welt aufbauen zu helfen, aber sie sind, wie wir erlebt haben, ebenso dienlich, ein KZ zu errichten: Nicht zuletzt die Schriftsteller mußten erfahren, was es bedeutet, Opfer deutscher Disziplin und deutschen Fleißes zu werden.
Endlich ein Letztes: Wir leben in einem Land, in dem Hitler

immer noch die Kassen füllen hilft, während exilierte Schriftsteller aus aller Welt, die bei uns Zuflucht gesucht haben, elendig dahinvegetierten. Ich denke, sie haben einen Anspruch darauf, von uns so behandelt zu werden, wie vor fünfzig Jahren in den Vereinigten Staaten und anderswo vertriebene deutsche Autoren behandelt worden sind: hilfreich und solidarisch.

Auch daran gilt es heute zu denken – dies gerade uns, den deutschen Autoren ins Stammbuch! Wir wissen, was es – mit Martin Walser zu reden – für einen Schriftsteller heißt, zwei Vaterländer: also weniger als eines zu haben und sind darum, vor allen andern, verpflichtet, ein Land zu werden, das den Asylanten freundlich ist.

Ein Land, in dem einmal die Scheiterhaufen brannten: zuerst für Bücher und dann für Menschen bestimmt – dies Land sähe sich eines Tages durch keine Auszeichnung mehr als durch die Worte geehrt: *Jedermann guten Willens war hier willkommen. Die Bürger hatten aus der Geschichte gelernt.*

Hippokrates und Holocaust

Von der Verantwortung des Wissenschaftlers in finsterer Zeit

Ein Frühlingstag um das Jahr 442 vor Christi Geburt; es ist Morgen; die Zuschauer sind, von kleinen Laternen geleitet, bei Nacht ins Theater gekommen. Ein Chor alter Männer versammelt sich in der Orchestra und beschwört in einem Meditationslied, dem ersten Stasimon der sophokleischen *Antigone*, jenes Doppelwesen *Mensch*, das sich durch die Ambivalenz von Macht und Elend, von meisterlicher Beherrschung der Technik und bescheidener Moral, von der Fähigkeit, die Natur zu unterjochen, und der Unfähigkeit, sich selbst zu beherrschen und der gesetzten Grenzen innezuwerden, charakterisiert sieht.

> Ungeheuer: viel.
> Aber ungeheurer als der Mensch: nichts.
> Über das graue Meer
> zieht er
> im heftigen Südsturm geraden Wegs
> durch die ringsum tosenden Wogen.
> Der Güter höchstes, die Erde,
> die unzerstörbare, niemals ermattende
> müht er ab.
> Mit den Pflügen,
> Jahr für Jahr von den Pferden gewendet,
> wühlt er sie auf.
>
> Und das Geschlecht der flüchtigen Vögel
> umgarnt und fängt er
> und die Stämme der wilden Tiere

und die Früchte des Meeres im Wasser.
Er fängt sie mit geflochtenem Netz,
der ringsum verständige Mensch.
Mit vielerlei Kunst besiegt er das schweifende Wild auf den Höhn
und den mähnigen Nacken des Pferdes
und den unermüdlichen Stier auf den Bergen
unterwirft er dem Joch.

Und Rede und luftleichten Sinn
und städteordnenden Fleiß erlernte er wohl.
Lernte zu fliehen
die Gastlosigkeit eisiger Berge
und die Geschosse des Regens. Reich an Erfahrung.
Nie trifft ihn, als Unerfahrenen, Zukunft.
Nur vor dem Tode weiß er keinen Rat.
Aber die Krankheit zu fliehn,
auch die schlimmste,
gut versteht das der Mensch.

Weit über Erwarten begabt
mit Können und Geist
schreitet er einmal zu Schlechtem,
einmal zu Gutem.
Ein Freund der Stadt,
erfüllt er das Gesetz der Götter
und das beschworene Recht.
Ein Feind der Stadt,
tut er das Schlechte,
frevelt, dem trotzigen Wagnis zuliebe.
Nicht sei mir Tischgenosse,
nicht Gleichgesinnter,
wer solches tut.

Ein Lied, geschrieben und komponiert für den Tag und die Stunde. (An eine Wiederaufführung, gar an einen »Druck« war für Sophokles nicht zu denken.) Ein Gesang, der an einem

Frühlingsmorgen im Athener Dionysos-Theater angestimmt werden sollte – gesprochen und schon vergessen! Doch dieser Hymnus eben, angelegt auf Flüchtigkeit und rasches Vergehen, hat sich, abgeschrieben und von Jahrhundert zu Jahrhundert neu inszeniert, als vollkommenste Interpretation menschlicher Janus-Gesichtigkeit erwiesen: als eine bis heute durch Wissenschaft, Philosophie und Kunst nie wieder erreichte Deutung jenes Zwitterwesens, dessen Größe identisch mit seiner Fallhöhe ist – identisch, weil das Ungeheure im Sinn von »groß, mächtig, gewaltig« *und* das Ungeheure, das »unheimlich, nicht geheuer, bedroht und verwegen« meint, einander bedingen.

Während für den frühgriechischen Aufklärer, einen Mann wie den Sophisten Protagoras, die Menschheit, im Besitz technischer und politischer Weisheit: beschenkt durch Prometheus und Hermes, gleichsam autark ist (dank der für das tägliche Leben erforderlichen Einsicht und der bürgerlichen Tüchtigkeit allen Fährnissen gewachsen), *beginnt*, um die gleiche Zeit, für den Poeten das Problem dort, wo es für den vom Fortschrittsglauben begeisterten Philosophen *endet*: an einem Punkt, wo der so hoch wie nie zuvor stehende Mensch deshalb tief wie nie zuvor stürzen kann, weil seine Moral dem Wissen, sein Ethos der Erfindungskunst, seine Reflexionsfähigkeit der Perfektion im Technischen nicht nachgekommen ist: Das Meer hat er erobert, die Erde um- und umgewühlt, Vögel und Fische gefangen, das Getier unterjocht, die Natur sich gefügig gemacht, das Prinzip »Herrschaft«, dienlich, Hierarchien unter Menschen zu befestigen, in die Welt gesetzt, die Krankheit besiegt, die Zukunft als beherrschbar erwiesen: »Weit über Erwarten begabt mit Können und Geist« ... und eben deshalb gefährdet und von der Hybris dessen bedroht, der aus dem »Du *kannst* alles machen« die Konsequenz zieht: »Du *darfst* alles machen« und derart ein Menschsein verspielt, das auf der Achtung vor allem Mitgeschaffenen, den Tieren, den vernunftbegabten Lebewesen, den Göttern beruht.

»Ein Freund der Stadt, erfüllt er das Gesetz der Götter und das beschworene Recht. Ein Feind der Stadt, tut er das

Schlechte, frevelt, dem trotzigen Wagnis zuliebe. Nicht sei mir Tischgenosse, nicht Gleichgesinnter, wer solches tut«: Mit einem Fluch, einer Verstoßung vom Tisch der Gemeinschaft endet ein Lied, das, vordergründig, die Größe, in Wahrheit aber die Verworfenheit jenes *homo faber* beschreibt, der eigenes Interesse mit dem Wohl des Kosmos, der Ordnung des Weltalls, identifiziert.

Sophokles contra Protagoras: Dieses im fünften vorchristlichen Jahrhundert inszenierte Streitgespräch über Macht und Grenze des Menschen im Hinblick auf seine Umwelt wird vom siebzehnten bis zum zwanzigsten Jahrhundert zum Generaldisput zwischen dem mächtigen Chor der Naturwissenschaftler auf der einen und dem eher zaghaft auftretenden Häuflein der Skeptiker und Warner auf der anderen Seite. »Wissen ist Macht« lautet, hüben, seit Bacon und Descartes, die Lösung; Wissen unterwirft die Natur und macht den Kundigen zum Herrn und Eigentümer der Schöpfung; Wissen ermöglicht, Natur nicht nur auszubeuten, sondern sie zu verwandeln; Wissen erlaubt, die zu berechenbaren Objekten verdinglichten Ressourcen der Erde (zu denen, frühkapitalistischer Mentalität entsprechend, auch Menschen gezählt werden: Angehörige der niederen Schichten) den Bedürfnissen jener Techniker dienstbar zu machen, die das Verhältnis zwischen dem Naturwissenschaftler und der ihm verfügbaren *materia totius mundi* im Sinne des auf Überlegenheit und Unterwerfung ausgerichteten Verhältnisses zwischen Mann und Frau verstehen: sie die Sklavin, er der Herr.

Unbekümmert um Warnungen, die, in einem Akt divinatorischer Vorwegnahme, das sophokleische Chorlied gegenüber jeder Form von Vergewaltigung im Sinne planetarischer Indienstnahme der Schöpfung aussprach, wurde, mit Bacon beginnend, Natur als »Sklavin« gedeutet, die ihre genuine Bestimmung im Dienst für die vernunftbegabten »Maîtres et possesseurs de la nature« finden würde.

Der Naturwissenschaftler – Inkarnation des männlichen Geistes, ein »Lordkanzler« à la Francis Bacon, der Vernunft, unter dem Aspekt des Nutzens, praktikabel macht! Der aufs

Machbare abzielende Techniker und Experimentator – ein Feldherr, der seine Forschungsbereiche unter strategischen Zwecken betrachtet... und dies selbst dort, wo er in einer Sekunde des Sich-Besinnens ein »tamen ignorabimus« (»dennoch werden wir am Ende Unwissende sein«) artikuliert.
»Wie es einen Welteroberer der alten Zeit an einem Rasttag inmitten seiner Siegeszüge verlangen konnte«, ließ der große Naturforscher Emil Du Bois-Reymond anno 1872 in einer festlichen Rede verlauten, »die Grenzen seiner Herrschaft genauer festgestellt zu sehen, um hier ein noch zinsfreies Volk zum Tribut heranzuziehen, dort in der Wasserwüste ein seinen Reiterscharen unüberwindliches Hindernis... zu erkennen, so wird es für die Weltbesiegerin unserer Tage, die Naturwissenschaft, kein unangemessenes Beginnen sein, wenn sie bei festlicher Gelegenheit von der Arbeit ruhend die wahren Grenzen ihres Reiches einmal klar sich vorzuzeichnen versucht«: Grenzen – nun ja! Aber eben Grenzen einer Weltbesiegerin und Okkupatorin, die für ihre Triumphe den Tribut der Unterjochten einstreichen darf. Wohin immer man blickt, zwischen Bacon und Du Bois: Immer wird Vernunft in Dienst genommen, um Herrschaft über die Natur und über Menschen auszuüben und mit Hilfe der Wissenschaft die Hierarchie in der Gesellschaft zu fördern.
Und dagegen dann, drüben, das Häuflein der Warner mit ihrer Sophokles (nicht Protagoras) zitierenden Devise – eine versprengte Schar, die, auf das demokratische Miteinander von allem Geschöpf verweisend, den heiligen Benedikt anführt oder Franziscus und sich, im übrigen, eines Sinnes mit jenem Jean-Jacques Rousseau weiß, der im Jahre 1750 die Preisfrage der Akademie von Dijon »Hat der Wiederaufstieg der Wissenschaften und Künste zur Läuterung der Sitten beigetragen?« mit der lapidaren These beantwortete: »Unsere Seelen sind korrumpiert worden in dem Maße, wie unsere Wissenschaften und Künste zur Vollkommenheit fortgeschritten sind.«
Zurück zu Rousseau also? Widerruf der Baconschen *Instauratio Magna* und der *Nova Atlantis* mitsamt ihrem Tribut an eine Vernunft, deren Wert sich allein nach ihrer Praxis, der Sum-

me ihrer Nützlichkeiten, bemesse? Absage ans Ideal einer rationalen Weltbeherrschung, wie Descartes es entwarf? Nein, dies ganz gewiß nicht. Kein Zurück hinter Bacon, kein kulturkritischer Amoklauf also: wohl aber ein Erkennen der Konsequenzen, die sich aus dem Vergessen der von Sophokles aufgezeigten Ambivalenz des Begriffes »un-geheuer« ergeben; wohl ein Bedenken der sich ständig vergrößernden und im Zeitalter des potentiellen Holocaust nicht mehr hinnehmbaren Diskrepanz zwischen Wissen und Ethik; wohl die Erkenntnis, wie wenig, mit Herbert Marcuse zu sprechen, »Technik als solche von dem Gebrauch abgelöst werden« kann, »der von ihr gemacht wird«; wohl eine Besinnung darauf, *was* es bedeutet, wenn, dank zunehmender Irrationalität des ursprünglich Rationalen, Fortschritte der Naturwissenschaft mit Hekatomben von Opfern erkauft werden müssen: »Aus den Bücherhallen«, heißt es in Brechts *Deutscher Kriegsfibel*, »treten die Schlächter. Die Kinder an sich drükkend stehen die Mütter und durchforschen entgeistert den Himmel nach den Erfindungen der Gelehrten.«

Nein, keine unreflektierte Absage an die naturwissenschaftliche Aufklärung (wer sie verlangte, müßte bereit sein, sich mit Epochen zu befreunden, die, zum Beispiel, die Anästhesie noch nicht kannten), wohl aber der Versuch, die Identität von Natur- und Gesellschaftsbeherrschung in Frage zu stellen und »Fortschritt« endlich aus der Perspektive der Opfer zu betrachten: aus der Sicht der vielen, deren unverschuldete Unmündigkeit jene wenigen förderten, die alles, was nicht ihresgleichen war, für tributpflichtig hielten.

Nicht um ein Entweder-Oder geht es – Fortschritt oder Humanität im Wolkenkuckucksheim –, sondern um ein Sowohl-als-auch: um den Versuch, der Aufklärung das ihr inhärente Humanisierungs-Potential zu belassen, aber ihre Dialektik und Ambivalenz, ihre Tendenz, Herrschaftssysteme zu legitimieren (statt sie in Frage zu stellen), nicht aus dem Blick zu verlieren.

Der naturwissenschaftlichen Aufklärung den Charakter eines Entwurfs zur Beförderung von Emanzipation wiederzugeben, der bis heute nicht realisiert, ja, ins Gegenteil verkehrt worden ist: darauf käme es an – und, in der Tat, an Visionen, das ursprüngliche »Projekt«, die Menschheit auf die Ebene einer zweiten, von Zwängen und Fremdbestimmungen befreiten Natur zu heben und derart, auf Autonomie, aber nicht Autarkie der Subjekte abzielend, zur Wiederversöhnung von Wissenschaft und Moral beizutragen... an solchen humanen Visionen mangelt es nicht – Albert Einsteins Entwurf einer neuen, Herrschaft transzendierenden Denkweise und Albert Schweitzers Bestimmung der Ethik als »Ehrfurcht vor dem Leben« allen voran: »Erneuerung der Kultur«, heißt es in Schweitzers Schrift *Kultur und Kritik*, »ist nur dadurch möglich, daß die Ethik wieder Sache der denkenden Menschen wird, und daß die einzelnen sich in der Gesellschaft als ethische Persönlichkeiten zu behaupten suchen. In dem Maße, als wir dies durchführen, wird die Gesellschaft aus einer rein natürlichen Größe... eine ethische... Im Besitz des absoluten Maßstabs des Ethischen lassen wir uns nicht mehr Prinzipien der Zweckmäßigkeit, ja der vulgärsten Opportunität als Ethik mundgerecht machen... Alle unter uns auftretenden Gegensätze, Gesinnungen und Ideale messen wir in grandioser Pedanterie mit dem durch die absolute Ethik der Ehrfurcht vor dem Leben geeichten Maße. Gelten lassen wir nur, was sich mit der Humanität verträgt.«

Ist das, gilt es zu fragen, wirklich nur eine pathetische Deklaration, diese Verlautbarung aus der Zeit des Ersten Weltkriegs, geschrieben im afrikanischen Urwald: den kriegsführenden »Kulturnationen« vor die Füße geschleudert? Nur Kampfansage, formuliert in einem hochidealistischen Stil, an die Adresse der Herrschenden, der »verblödeten Autoritäten«, wie Schweitzer schrieb, der »politischen Machthaber«, die »die Menschenrechte bei Banketten verherrlichen und in ihrem Handeln mit Füßen treten«?

Nein, es ist mehr – viel mehr: die zornige Bußrede eines Mannes, eines Naturwissenschaftlers, Arztes und Theologen, dessen barocke Predigt, »Kehrt um, ehe es zu spät ist«, nicht nur den Regierenden, sondern auch – und gerade! – der

eigenen Zunft gilt, die ihr Wissen in den Dienst der Macht gestellt habe: in den Dienst des Kriegs!
So betrachtet gehört Albert Schweitzer – neben Einstein und Georg Friedrich Nicolai – zu jener Handvoll Aufrechter, die, lange bevor es eine Kernspaltung gab, die Frage durchdachten, kraft welcher Gesinnung und welcher für unabdingbar erklärten ethischen Prämissen der Sündenfall der Wissenschaft – Protagoras' Triumph über den Dichter der *Antigone!* – rückgängig zu machen sei... eine Frage, die sich heute, in einem Augenblick auf den Begriff gebracht sieht, da die Dialektik von Allmacht und Ohnmacht, allen sichtbar, ihre äußerste und endgültige Konsequenz gefunden hat: »Gleich wie lange, gleich ob es ewig währen würde«, so Günther Anders in der »Antiquiertheit des Menschen«, »dieses Zeitalter ist das letzte; denn seine differentia specifica, die Möglichkeit unserer Selbstauslöschung, kann niemals enden – es sei denn durch das Ende selbst.«
In dieser Situation, da der totale Triumph wissenschaftlichen Entdeckens zugleich das Ende aller Forschung bedeuten könnte – in dieser Situation ist zweierlei unabdingbar: zum ersten, aufs Gestern bezogen, ein nüchternes Resümee. Das Bedenken, Sammeln und Aufzählen aller Erfindungen, die dazu beitrugen, die »letzte Epidemie« – den drohenden Holocaust also – näherzurücken. Da wären Fritz Haber, der »Vater des Gaskrieges«, wie man ihn genannt hat, und Edward Teller zu einem großen imaginären Disput einzuladen, da hätte Einstein noch einmal, seinen Brief an den Präsidenten betreffend, Rechenschaft abzulegen; da käme Oppenheimer zu Wort, Brecht mischte sich ein und akzentuierte das Gespräch durch die Bemerkung, die Wissenschaftler möchten bedenken, daß es, im Zeitalter der Atomkriege, nur noch Niederlagen, aber keine Siege mehr gäbe, ja, daß gerade die vermeintlichen Siege die gnadenlosesten Niederlagen seien: »Als die ersten Blättermeldungen (vom Abwurf der Bombe auf Hiroshima) Los Angeles erreichten«, heißt es in Brechts *Journal*, »wußte man, daß dies das Ende des gefürchteten Krieges, die Rückkehr der Söhne und Brüder bedeutete. Aber die große

Stadt erhob sich zu einer erstaunlichen Trauer. Der Stückeschreiber hörte Autobusschaffner und Verkäuferinnen in den Obstmärkten nur Schrecken äußern. Es war der Sieg, aber es war die Schmach einer Niederlage.«

Aufarbeitung der Geschichte ihrer Disziplin, mitsamt deren Dialektik: Das wäre, im Zeichen der drohenden Katastrophe, die erste Aufgabe der Naturwissenschaftler, wobei es wohlgemerkt um Trauerarbeit, nicht aber um Schuldzuweisungen ginge. Und dann das zweite: Der historischen Analyse hätte, zum Heute gewendet, die wissenschaftstheoretische Besinnung auf die Verantwortung der Physiker, Biologen, Mediziner in einem Augenblick zu folgen, da sie ihre Unschuld – sprich: zeitenthobene Neutralität – ein für allemal verloren haben. Abermals wäre ein Disput zu inszenieren – ein Streitgespräch zwischen Edward Teller, beispielsweise, und James Franck.

Teller: »Der Wissenschaftler ist für die Gesetze der Natur nicht verantwortlich. Seine Aufgabe ist es lediglich herauszufinden, in welcher Weise diese Gesetze funktionieren. Die Aufgabe des Wissenschaftlers besteht darin, Wege zu suchen, diese Gesetze dem menschlichen Willen untertan zu machen. Es ist hingegen nicht die Aufgabe des Wissenschaftlers zu entscheiden, ob Bomben gebaut, ob sie angewendet oder wie sie angewandt werden.«

Gegenrede James Francks und seines Teams: »In der Vergangenheit konnten die Wissenschaftler jede unmittelbare Verantwortung für den Gebrauch, den die Menschheit von ihren uneigennützigen Entdeckungen machte, ablehnen. Jetzt aber sind wir gezwungen, einen aktiven Standpunkt einzunehmen, weil die Erfolge, die wir auf dem Gebiet der Kernenergie errungen haben, mit unendlich viel größeren Gefahren verbunden sind als bei allen Erfindungen der Vergangenheit.«

Hier Edward Teller, dort James Franck: Die Entscheidung, wer von beiden Recht und Moralität auf seiner Seite hat, scheint einfach zu sein – ist es aber offenbar in Wahrheit nicht: Wie anders wäre es sonst zu erklären, daß die Mehrzahl der Wissenschaftler auch heute noch zwar wie Franck *redet*, aber wie Teller *handelt*? Wo, fragen wir, liegen die Gründe der

Schizophrenie, die Naturforscher veranlaßt, den Mächtigen die Verwertung ihrer Forschungen zu überlassen, obwohl sie doch zum ersten wissen, daß die Entscheidungsbefugten – man denke an die Verhöhnung der Physiker durch General Groves beim Bombenabwurf auf Nagasaki – nicht daran denken, die Skrupel der Forscher auch nur in Erwägung zu ziehen, obwohl sie, zum zweiten, anders als ihre Vorgänger sehr wohl eine Ahnung haben, »zu welchen Greueln gegen die Menschheit«, mit Brecht zu reden, »die Meisterung der Natur führen mag«, obwohl sie, zum dritten, durch die Geschichte belehrt sein müßten, daß gerade die barbarischsten Mächte sich mit Vorliebe der scheinbar unpolitischen Wissenschaftler bedienen, um ihre Ziele in die Tat umzusetzen, und obwohl sie, viertens und letztens, zumindest heute erkennen müßten, in welchem Ausmaß sich anno 1984 auch die vermeintliche freie Grundlagenforschung von Forderungen der Rüstungs-Lobbies und Militär-Bürokratien akzentuiert sieht. Obwohl, obwohl, obwohl! Und warum das alles? Warum diese unermüdliche Schuldanhäufung der *Wissenschaft* trotz der Kenntnis, des Problembewußtseins und der hohen Moral Tausender von *Wissenschaftlern*? Warum, ungeachtet aller Einsicht in die Ambivalenz noch der humansten – weil scheinbar (aber eben nur *scheinbar*!) nicht korrumpierbaren – Forschung, der Verzicht auf allgemeine Verweigerung kriegsfördernder Betätigung? Warum, weltweit, die Scheu, dort Widerstand zu leisten, wo mit der Vernichtung des anderen längst schon der eigene Untergang droht? Warum das geheime Komplizentum mit einer offen auf Eliminierung des Gegners abzielenden Macht von seiten der Wissenschaftler, die, wiewohl aufgeklärt seit langem, dabei sind, in letzter Konsequenz nicht nur den Mord, sondern auch den Suizid zu befördern?
Die Antwort muß lauten: Diese Schizophrenie grassiert, weil zwar einzelne Wissenschaftler, nicht aber die Wissenschaft über einen verbindlichen Moralkodex im Sinne des hippokratischen Eides für die Ärzte verfügt, sich also nicht in der Lage sieht, die spätestens durch den potentiellen Holocaust unabdingbar gewordene Kongruenz von Ethik und Wissenschaft

mit den ihr eigenen Mitteln: scientifisch also, zu analysieren... und eben dies ist die *conditio sine qua non* umfassender Verweigerung: der Résistance einer Wissenschaft, die ihr Ziel, *die Mühsal der menschlichen Existenz zu erleichtern*, durch Botmäßigkeit gegenüber der Militärindustrie ins Gegenteil verkehrt sieht und deshalb danach trachten sollte, Verantwortungsethik – im Sinne eines Bedenkens der Folgen – und Gesinnungsethik vereinend, endlich jene Postulate zu erfüllen, die der Philosoph und Theologe Kurt Weisshaupt in einem Essay »Von der Verantwortungslosigkeit des Wissenschaftlers« bereits vor zehn Jahren aufgestellt hat: »In den Wissenschaften muß von der individuellen und subjektiven zur intersubjektiven und *wissenschaftlichen* Rechtfertigungsstrategie vorangeschritten werden. Eine jede Wissenschaft selbst hat Wissenschaftsethik auszubilden als jenen Forschungskomplex, welcher Entscheidungsprozesse und Verantwortlichkeit auf allen Ebenen innerhalb der Wissenschaft und gegenüber der sozialen Lebenswelt konkretisiert.«
Herausbildung einer wissenschaftlichen Ethik als verbindlicher und konsensfähiger Gesellschaftsmoral, vorgelebt von Forschern, deren Integrität, so Albert Einstein, »für ihre Generation und für den Verlauf der Geschichte vielleicht von noch größerer Bedeutung ist als rein intellektuelle Leistungen«... die Herausbildung einer wissenschaftlichen Ethik im Sinne des Hippokratischen Eides ist unabdingbar, wo es in später, aber noch nicht letzter Stunde darum geht, die Arbeitsteilung in Beruf und Privatheit, in die wertfreie, von keinem *et respice finem* geprägte Welt der Tätigkeiten und den Raum schöner Enthobenheit, wo das Gewissen getrost seine rigiden Forderungen anmelden darf, endlich zu überwinden und damit einem Zustand ein Ende zu machen, von dem einer, der sich auf Schizophrenien verstand, Karl Jaspers, gesagt hat: »Wo die eine«, die Berufsarbeit, »sich vollzieht«, so der Traktat »Die Atombombe und die Zukunft des Menschen«, »schweigt das andere«, das Gewissen. »Wo die eine sich vollzieht, schweigt das andere. Für die Befehlsausführung im Beruf weiß sich der Ausführende nicht verantwort-

lich. An das Endziel wird nicht gedacht, denn es ist nicht die eigene Sache. Wenn dies Ganze ein Verbrechen ist, so hat nicht er es befohlen.«

Überwindung der Diskrepanz von Wissenschaft und Ethik im Rahmen nüchterner Selbstreflexionen auf die Konsequenzen des eigenen Tuns, die kleinen Vergröberungen und die großen Perversionen: Das bedeutet, dazu beizutragen, die Verpflichtung, der Erhellung des *verum* zu dienen, durch das Selbstgebot zu ergänzen, das da besagt: Es ist nicht Aufgabe der Wissenschaft, sondern ein Verstoß gegen ihre Aufgabe, das Humanitätspotential zu vergrößern, wenn das *verum* zum Fetisch wird, weil sein Korrelat, das *bonum*, den Blicken entschwindet.

Verum et bonum, das eine nicht ohne das andere, hat im Sinn der Einsteinschen Forderung, es gelte um des Überlebens der Menschheit willen, eine neue Art des Denkens zu entwickeln... *verum et bonum* hat die Maxime einer Wissenschaft zu lauten, die sich ihrer gesellschaftlichen Verpflichtung bewußt ist und um die sophokleische Identität von menschlicher Größe und menschlicher Hybris weiß (*verum sine bono*).

Ein hippokratischer Eid – »Ich sage nein zu allem, was den Krieg befördern hilft und mich und meinesgleichen und die Welt, in der ich lebe, sterben lassen wird« – gut und schön. Entwurf einer verbindlichen Wissenschaftsethik, die jeden, der gegen ihre Gebote verstößt, zum outcast macht, der in den Reihen der Wissenschaft, gut Brechtisch, nicht geduldet werden kann und sich folglich so behandelt sieht, wie einst Fritz Haber von Rutherford behandelt worden ist (mit Verachtung und ohne Handschlag: Max Born, auch er zum Fähnlein der wenigen Hellsichtigen gehörend, berichtet darüber) – nichts dagegen zu sagen. Nur darf es nicht beim schon so oft, und von vielen, geträumten Gedankenspiel bleiben: Wie also sähen sie aus, die Prämissen einer verbindlichen Wissenschaftsethik – einer Moral, die, wiewohl konfrontiert mit der möglichen Apokalypse, dennoch nüchtern zu sein hat, nicht nur *ad hoc* entworfen, sondern auch histo-

risch ableitbar: plausibel und eher behutsam als eifernd – im Tonfall des Franck-Reports etwa?
Da müßte einsichtig werden, daß es, auf der einen Seite, ein Verleugnen oder gar Vergessen des gewonnenen Kenntnisstandes nicht gibt – »Was einmal gedacht wurde«, heißt es in Dürrenmatts »Physikern«, »kann nicht mehr zurückgenommen werden« –, daß aber, auf der anderen Seite, »alles machen *können*« eins und »alles machen *dürfen*« ein anderes ist, ja, daß sich Wissenschaft erst durch freiwilligen Verzicht aufs Mach- aber nicht Verantwortbare als menschlich erweist – und als meisterlich in der Beschränkung, mit der großen Kunst vergleichbar und klassisch dazu.
»In Zeiten, da es gut um die Künste steht« – Paul Valéry: »Von der überragenden Würde der Künste, die das Feuer wirkt« – »kann man sehen, wie sie sich Schwierigkeiten schaffen, die nur Geschöpfe ihrer Einbildung sind; wie sie sich ganz und gar willkürliche Gesetzlichkeiten und Regeln erfinden, Freiheiten beschneiden, die fürchten zu müssen sie begriffen haben, und sich den Gebrauch der Fähigkeit untersagen, mit sicherem Griff und im Augenblick *alles* machen zu können, was in ihrem Wollen liegt.« Warum sollte, mutatis mutandis, die Wissenschaft, statt sich im Ziellos-Zerstörerischen zu verlieren, das Kunstgesetz der freiwilligen Selbsterschwerung (ein Gebot, das auf begrenztem Feld Höchstes zu leisten verlangt) nicht, kraft eigener Überzeugung, zu dem ihrigen machen, da es die Stunde mit ihren Gefahren nun einmal verlangt?
Wieviel könnten, im Zeichen der überall sichtbaren Symbiose von Kunst und Wissenschaft, den belles lettres und der Medizin, der Musik und der Mathematik, selbst die exakten Disziplinen den Künsten entleihen: das Wissen nicht zuletzt, daß es – mittlerweile längst ein Gemeinplatz – der Einbeziehung des reflektierenden Subjekts in die Erkenntnisprozesse bedürfe, um Wissenschaft als eine humane und nicht als eine von Robotern zu bewältigende Disziplin auszuweisen: wobei es Aufgabe der Ärzte sein müßte – ihre gesellschaftlich wichtigste Pflicht! –, gerade dem leidenden, bedrohten, geängsteten

Ich seinen Platz im Rahmen der Forschung zu geben: ihrer eigenen voran. Denn wer, wenn nicht die Ärzte, weiß, was Sterben bedeutet? Wer, wenn nicht sie, müßte fähig sein, den numerischen Tod: das millionenfache Verrecken nach dem Fall der Bomben auszumalen, mit deren Sprengkraft verglichen *little boy* und *fat man* Miniaturwaffen waren? Wer, frage ich, wenn nicht die Ärzte, sollte in der Lage sein, den einen großen in die vielen kleinen Tode zurückzuverwandeln und, was als Ganzes unvorstellbar ist, in Schreie und Qualen und Ängste von Millionen Individuen umzufigurieren und, in nüchtern-phantasievolle Rede, Apokalypse als ein nahes Jederzeit und nicht ein fernes Irgendwo-Nirgendwo vor Augen zu führen?

Wer, wenn nicht die Ärzte, sollten, so betrachtet, die ersten Verweigerer sein – Partisanen der Humanität! –, die allen Versuchen Widerstand leisten: Versuchen und Versuchungen, deren Ziel es ist, den Moribunden vorzugaukeln, es gäbe im Fall der europäischen oder der planetarischen Apokalypse (»with a bang *and* a whimper«: mit Donnerhall *und* Seufzen) noch eine Rettung für sie.

Die Ärzte – sie sollten die ersten sein, die sich der heute Millionen von Menschen abverlangten Zumutung verweigern, vor den Gefahren des durch Verblendung, aber auch durch simple Geschäftsinteressen näherrückenden Atomkriegs die Augen zu schließen: Die Ärzte – Nein-Sager im Sinne des Borchertschen Antikriegs-Manifests, Nein-Sager aus vielfachem Grund.

Nein-Sager, zum ersten, weil sie, dank ihrer Forschungen und dem Sich-Umtun vor Ort, der Erfahrung in den Elend- und Hungerzonen der Welt, am genauesten wissen, wie viele Leben die Verschwendung aller Verschwendungen, die Kriegsrüstung der Industrienationen, schon hier und heute, zwischen Peru und der Sahel-Zone, vernichtet.

Nein-Sager müßten sie sein, zum zweiten, die Ärzte, weil sie, die Psychiater voran, sich mit Hilfe der von ihnen analysierten realitätsmächtigen Alpträume am ehesten vorstellen können, wie das sein wird, am Tag X, wenn die Menschen erblinden, versaften, verdorren, wenn die Pflanzen verdorren und die Natur infolge der Feuerbrände, Hitze- und Druckwellen, der Detonationen und des radioaktiven Niederschlags sich verseucht sieht: Hieronymus-Bosch-Visionen, erfahren im Zustand von Ängsten, die gerade der Arzt – er vielleicht als einziger! – seinen Patienten (und mit ihnen sich selbst) nicht untersagen wird, weil er weiß, daß reflektierte Angst, im Gegensatz zu Hybris und blinder Selbstüberschätzung, dort noch immer als erkenntnisfördernde Gegenkraft wirkte, wo juvenile Dreistigkeit Katastrophen die Bahn ebnete: Angst, mit Hellsicht gepaart, als Hebamme der Wahrheit, die, das Vorstellbare transzendierend, den romantischen Gedanken der *resurrectio naturae* in einem Augenblick wiedererweckt, da die Natur in Gefahr ist, endgültig vernichtet zu werden.

Nein-Sager sind sie, zum dritten, die Ärzte (idealtypisch zumindest: in diesem wie in allen anderen Punkten), weil sie, vertraut mit dem Elend der Kreatur, die einzigen sind, die erkennbare Tendenzen zum Abgrund aus der einzig angemessenen Sicht heraus zu analysieren verstehen – dem Blickwinkel jener Betroffenen, die sie, sind sie Ärzte und nicht nur Mediziner, eher anhören als daß sie ihnen vorschnell diktierten und derart einen Dialog verhinderten, den Robert Oppenheimer als Grundvoraussetzung für die Existenz einer gesitteten, auf Konversation zwischen Partnern und nicht auf dem Wechselspiel von Befehlen und Gehorchen beruhenden Gesellschaft verstand: »Mich beunruhigt sehr«, heißt es im Essay *Wissenschaft und Kultur*, »daß wir in unserer Zeit der ... wissenschaftlichen Entwicklung viel von der Fähigkeit verloren haben, miteinander zu sprechen, unsere gemeinsame Kultur und die gegenseitige Verständigung weiterzuentwickeln und zu bereichern ... Wir müssen zunächst wieder einmal ohne jede Geringschätzung und mit großer Geduld sprechen und zuhören lernen.«

Mit Geduld sprechen und zuhören können: Kardinaltugenden eines Arztes, der, zum vierten, Nein-Sager ist, weil er, dank konkreter Anschauung, die Gefährdungen kennt, die der Gesundheit, im Familiären so gut wie in der Gesellschaft, von seiten jenes rüden Freund-Feind-Denkens drohen, das den absoluten Gegner braucht, um die Entwicklung, Stationierung und mögliche Anwendung einer absoluten Waffe zu legitimieren und den Destruktionstrieb, vermeintlicher Anormalität im Namen eigener für absolut erklärter Normen Paroli bietend, seinen letzten und absurden: weil selbstzerstörerischen Triumph feiern zu lassen. »Die Zivilisation«, so Präsident Reagan, »wird sich des Kommunismus entledigen als eines traurigen bizarren Kapitels der Menschheitsgeschichte, dessen letzte Seite just in diesem Augenblick geschrieben wird. Die westliche Welt wird den Kommunismus nicht eindämmen, sie wird ihn überleben. Wir werden uns nicht damit abgeben, ihn anzuprangern, wir werden uns seiner entledigen. Kommunismus ist eine Abweichung, keine normale Lebensart menschlicher Wesen.«

Und dagegen nun, Ethos konfrontiert mit Inhumanität, die nach eigenem Ermessen über Artgemäßheit und Artfremdheit bestimmt... dagegen, ihrem Eid verpflichtet, die Ärzte, die gerade in der Absonderung des einzelnen, dem Sich-fürs-Ganze-Erklären des Isolierten, die Ursache lebensbedrohender Erkrankung erkennen und, mit Carl Friedrich von Weizsäcker, als »Bedingung unseres Überlebens« eine Vernunft zu fördern versuchen, die das Ganze in den Blick nimmt.

Jawohl, sie sind Nein-Sager, die beim Kongreß »Unser Eid auf das Leben verpflichtet zum Widerstand« versammelten Ärzte (und nicht nur sie: *alle* Ärzte, die den Eid des Hippokrates ernst nehmen, sollten Nein-Sager sein): Nein-Sager, zum fünften, weil sie, wiederum in tagtäglicher Praxis, erfahren, wie das Bewußtsein des Menschen, im Zeichen des Rüstungstaumels, immer weiter hinter einer Realität hinterherhinkt, die, im Sinne Nietzsches, »toll« geworden ist: Ein leerer Brotkorb für Millionen von Armen, aber dafür TNT in Mengen, die ausreichen, daß jedermann, da er schon nicht satt werden kann, immerhin doch seinen Nachbarn und sich selbst und die Erde dazu vielfach in die Luft sprengen kann... und dies in einem Augenblick, da, die Schizophrenie unseres Zeitalters signalisierend, die Haager Kriegsordnung noch im-

mer in Kraft ist und der Beschränkungsgrundsatz *ratione personae* (»Die Kriegführenden haben die Nicht-Kämpfer außerhalb der Reichweite ihrer Waffen zu lassen«) so unangefochten gilt – nach Hiroshima und Vietnam! – wie der Beschränkungsgrundsatz *ratione loci* (»Angriffe dürfen nur gegen Militärobjekte geführt werden: andernfalls sind sie nicht Rechtens«) oder der Beschränkungsgrundsatz *ratione conditionis* (»Waffen und Kriegsmethoden, die geeignet sind, übermäßige Leiden zu verursachen, haben als geächtet zu gelten«): Verbindliche Grundsätze des humanitären Völkerrechts, Bestandteile einer Magna Charta des Roten Kreuzes! In der Tat, wie sollten sie da wohl nicht Nein-Sager sein, die Ärzte, angesichts einer Wirklichkeit, deren Schrecken nicht durch Formeln aus Hugo Grotius' Zeit verharmlost, sondern durch den Aufweis der Diskrepanz zwischen bestehender Todesgefahr und verschleiernder Ideologie denunziert werden wollen.
Nein-Sager sind sie unter solchen Aspekten, zum sechsten, die Ärzte, diese, wie Hofrat Behrens im »Zauberberg« sagt, »alten Angestellten des Todes«, weil sie, anders als viele Physiker, Chemiker, Biologen in ihren Labors und Bibliotheken, an Ort und Stelle erfahren haben, in der Zeit des Faschismus, was es bedeutet, Menschen sterben zu lassen; weil sie, im Unterschied zu den Reinen und Feinen am Schreibtisch, den Mord, von der Selektion bis zum Menschenversuch, in handgreiflicher Brutalität kennenlernten; weil nicht nur Pilatus' Nachfahrn mit den in Unschuld gewaschenen Händen, sondern auch die Erben der Folterer unter dem Kreuz, die großen und kleinen Mengeles, zu den Ihrigen zählten: Grund genug, sich ein für allemal jeder Selektion, die, wie die Triage, Menschen in brauchbare und unbrauchbare Kampfmaterialien verwandelt, konsequent und bedingungslos zu verweigern.

Nein-Sager sind sie, zum siebten, die Ärzte, weil sie wissen, daß Begriffe wie »Vorsorge-Medizin« oder »primäre Prävention« ihre Bedeutung verlieren, wenn die Heilkundigen sich der wichtigsten Vorsorge, will heißen: einer Prävention verweigern, die Vorrang vor allen anderen ärztlichen Maßnahmen haben sollte: der Früherkennung von Symptomen, die auf die Gefahr eines drohenden Atomkriegs verweisen und der Ausschaltung aller Risikofaktoren – Faktoren, zu denen auch die Verharmlosung der *Todesgefahr* durch die Katastrophenmedizin zählt. (»Wir rechnen auf die Ärzte«, heißt es im *Bulletin of the Atomic Scientists* vom Juli 1981, »wenn es darum geht, eine neue Form der Vorsorgemedizin zu entwickeln, die den äußersten medizinischen Notfall verhindern kann: den Nuklearkrieg.«)

Nein-Sager sind sie, zum achten, die Ärzte (oder sollten es doch, nochmals, sein: in diesem und in allen anderen Punkten): Nein-Sager, weil sie nicht nur den Lebenden, sondern auch den Ungeborenen gegenüber verpflichtet sind, all jenen, die nach einer Katastrophe vielleicht existieren, aber gewiß nicht als Menschen leben können. Und darum sollten sie »Nein« sagen, die Ärzte, sollten der drohenden Epidemie mit jenen großen sozialen Gegenplänen und Sanierungskonzeptionen begegnen, die sie um die Jahrhundertwende entwarfen, als es galt, die Tuberkulose (von heute aus gesehen: die vorletzte Volksseuche) in Schranken zu halten; darum sollten sie ihre Zweifel und Ängste deutlicher als bisher artikulieren: sie, die Mitbetroffenen und nicht die möglichen Helfer; darum sollten sie sich mit den Opfern der weltweiten Rüstung und nicht mit deren Auftraggebern verbünden; darum sollten sie, die, vor vielen anderen, um Sensibilität und Verletzbarkeit wissen, den Mächtigen Hans Christian Andersens Märchen von dem zersprungenen Spiegel des Teufels vorhalten: dem Spiegel, dessen Splitter alle, denen sie ins Auge und damit ins Herz gedrungen sind, unempfindlich für das Leid ihrer Mitmenschen machen. Wer hier und jetzt vom führbaren und gewinnbaren Atomkrieg spricht, sollten sie sagen, die Ärzte, der trägt die Splitter des Teufelsspiegels im Herzen, und sollten sich allen Bestrebungen widersetzen, die geeignet sind, das »Lernziel Humanität« – nach Thure von Uexküll das Grundelement aller Arztkunst, die diesen Namen verdient – aus den Blicken zu rücken.

Und dann ein Letztes: Sie sollten bedenken, die Ärzte, daß

selbst der christliche Gott und selbst der Gekreuzigte nach Auschwitz, Hiroshima und Nagasaki nur als Mit-Leidende und Mit-Trauernde vorstellbar sind – und wieviel eher dann ein Mensch! Nicht als Leid-Enthobener also, sondern allein als *medicus patiens*: Betroffener unter den Betroffenen wird der Arzt die moralische Würde gewinnen, die dem sokratischen Nein-Sager ziemt. Einem Nein-Sager, wie Albert Einstein es war in seinem Kampf gegen die militärische Mentalität als die gefährlichste Geisteskrankheit unserer Zeit – einem Nein-Sager vom Rang des Arztes Albert Schweitzer, dessen Vermächtnis – »Die Anwesenheit der Atombombe ist identisch mit Abwesenheit von Humanität« – endlich eingeklagt werden will: und zwar mit Schweitzerscher Gelassenheit und Schweitzerschem Witz. (Man habe es leider, hieß es am 17. Juli 1961 in einem Brief aus Lambarene, dessen Kenntnis ich Hans-Jürgen Schultz verdanke, »mit verblödeten Staatsoberhäuptern zu tun, die mit der Atombombe spielen«. Wer sich zum Anwalt des Vernünftigen mache, habe damit zu rechnen, »als Communist gebrandmarkt« zu werden. Mehr falle den Widersachern der Humanität leider nicht ein.) Man sieht: An Nothelfern fehlt es den Nein-Sagern hier und jetzt nicht – man muß sie freilich kennen, die Virchow und Schweitzer e tutti quanti mitsamt ihren Thesen, die, einstmals erzliberale Maximen, heute, die Zeiten ändern sich, wie linke Rebellen-Sentenzen erscheinen: Grund genug, sich ihrer erneut zu erinnern, ihrer so gut wie jener ersten Schriften abendländischer Ärzte, die im Zeichen der uns bedrohenden Katastrophe den Charakter von Handlungsanweisungen wiedergewinnen. »Für den Arzt«, heißt es in Hippokrates' *Prognostikon*, »ist es das Wichtigste, daß er die Kunst der Voraussicht übt« ... denn »er wird die Kunst der Behandlung am besten durchführen, wenn er aus den gegenwärtigen Leiden die zukünftigen voraussieht.«

opsis adelon ta phainomena: Mit Hilfe des Sichtbaren – der erkennbaren Warnzeichen! – das Unsichtbare – die totale Gefährdung! – zu enthüllen und latente Bedrohung in ihrer Maligaität: der Tendenz zum explosionsartigen Auswuchern zu analysieren ist die Aufgabe von Ärzten, die sich, um den Doppelsinn des Wortes »ungeheuer« wissend, als Warner in letzter Stunde verstehen – als Mit-Leidende, die, wo andere wegblicken, die Augen offenhalten: ihrer Verpflichtung eingedenk, die Kunst der Voraussicht auch und gerade in düsteren Zeiten zu üben – der Voraussicht im Allgemeinen, die Pathologie der Gesellschaft (mit ihrer durchs Freund-Feind-Dogma geschürten Massenpsychose) betreffend, so gut wie im Individuellen, um auf diese Weise jenes Diktum Rudolf Virchows wieder in Geltung zu setzen, das da lautet: *Politik ist weiter nichts als Medizin im Großen.*

Das ist ein Satz, denke ich, der jeden – jeden! – Arzt verpflichten sollte, dort Widerstand zu leisten, wo Medizin, in Umkehrung des Virchowschen Satzes, zur Politik im Kleinen gemacht werden soll – tauglich, den Massenmord-Denkern ein gutes Gewissen zu geben.

Politik ist weiter nichts als Medizin im Großen: So sollte die Prämisse einer Verfassung lauten, die sich, irgendwann, eine vom Geist der Humanität bestimmte Sozietät geben könnte. Die Ärzte stehen also in der Pflicht und sind aufgefordert, ihrer Verantwortung innezuwerden. (Verantwortung im Sinne von: Verpflichtung, vor dem Gerichtshof der Mitbetroffenen Rede und Antwort zu stehen.) Um des Ja zur Vision einer menschlichen Gesellschaft willen haben sie nein zu sagen: Nein zu allem, was den Tod und dessen Inbegriff, den Krieg, fördern hilft. Nein zu einer Welt- und Selbstvernichtung, deren Vorstellung gerade die Ärzte, die dann hilflose Helfer sein werden, in der Weise des Lyrikers Karl Mickel sagen lassen sollte: »Und eine solche Traurigkeit ergriff uns des Abends, daß wir zu den Leuten gingen und ihnen klagten: Auch wir gehören zu den Toten des nächsten Krieges. Wir schreien zu euch: Helft uns, sonst scheiden wir ab.«

Nein müßten sie sagen, die Ärzte: *Nein* – identisch mit allgemeinem, wohlbegründetem, langfristigem Widerstand – gegenüber jeder Form offener oder geheimer, brutaler oder pseudoethisch verbrämter Indienstnahme durch die Kriegsadministration und deren Funktionäre, Agenten und Ideologen – »Militärmediziner« als Zerstörer der Symbiose von Wissenschaft und Moral! *Nein*, um, wenn es zu spät ist, nicht jener Unkenntnis geziehen zu werden, die im hippokratischen *Gesetz* die Amme von Feigheit, Frechheit und Scheinwissen genannt wird.

Nein um des Eides willen: *Ich werde meine Kunst rein bewahren. Und mein Leben fromm.*

Der Vortrag ist vor allem folgenden Arbeiten verpflichtet:

Erwin H. *Ackerknecht*, Rudolf Virchow. Arzt, Politiker, Anthropologe. Stuttgart 1957

Günther *Anders*, Die Antiquiertheit des Menschen. München 1956

ders., Endzeit und Zeitenende. München 1972

Till *Bastian* (Hrsg.), Wir werden euch nicht helfen können. Ärzte gegen den Atomkrieg. Frankfurt/M. 1983

Hans *Blumenberg*, Das Verhältnis von Natur und Technik als philosophisches Problem. In: Studium Generale 4, 1951, S. 461 ff.

Wilfrid von *Boch-Galhau*, Moderne Medizin im Spannungsfeld zwischen naturwissenschaftlich-technischem Anspruch und ihrer Verantwortung im Dienst am Menschen. Diss. Würzburg 1982

Max *Born*, Von der Verantwortung des Naturwissenschaftlers. München 1965

Albert *Einstein*, Aus meinen späten Jahren. Stuttgart 1979

ders., Über den Frieden. Weltordnung oder Weltuntergang? Hrsg. von Otto Nathan und Heinz Norden. Bern 1975

Iring *Fetscher*, Überlebensbedingungen der Menschheit. München 1980

Jürgen *Habermas*, Technik und Wissenschaft als »Ideologie«. Frankfurt/M. 1968

H.M. *Hanauske-Abel* und G. *Obermayr*, Zivilisten haben keine Chance. In: Die Zeit 39, 1981, S. 57 ff.

Gerhard *Handschuh*, Die gesellschaftliche Verantwortung der Wissenschaftler. Diss. Münster 1981

Günther *Heipp* (Hrsg.), Es geht ums Leben! Der Kampf gegen die Bombe 1945–1965. Eine Dokumentation. Hamburg 1965

Armin *Hermann*, Wie die Wissenschaft ihre Unschuld verlor. Macht und Mißbrauch der Forscher. Stuttgart 1982

Initiative »Mediziner gegen die atomare Bedrohung«, ... und keiner kann helfen. München 1983

Karl *Jaspers*, Die Atombombe und die Zukunft des Menschen. München 1958

Hans *Jonas*, Das Prinzip Verantwortung. Frankfurt/M. 1979

Robert *Jungk*, Heller als tausend Sonnen. Stuttgart 1956

ders., Strahlen aus der Asche. Stuttgart 1959

Norbert A. *Luyten* (Hrsg.), Wissenschaft und gesellschaftliche Verantwortung. Freiburg/München 1977

(Darin vor allem: August *Meessen*, Wissenschaft in Krieg und Frieden. S. 248 ff.)

Herbert *Marcuse*, Der eindimensionale Mensch. Neuwied und Berlin 1967

Alexander und Margarete *Mitscherlich*, Die Unfähigkeit zu trauern. Grundlagen kollektiven Verhaltens. München 1967
Carl *Nedelmann*, Zur Vernachlässigung der psychoanalytischen Kulturtheorie. In: Psyche 36, 1982, S. 385ff.
Georg *Picht*, Struktur und Verantwortung der Wissenschaft im 20. Jahrhundert. In: Georg Picht, Wahrheit – Vernunft – Verantwortung. Philosophische Studien. Stuttgart 1969, S. 343ff.
Jean *Pictet*, Die Grundsätze des humanitären Völkerrechts. Genf o. J.
Horst Eberhard *Richter*, Zur Psychologie des Friedens. Hamburg 1982
Jonathan *Schell*, Das Schicksal der Erde. Gefahr und Folgen eines Atomkriegs. München 1982
Ernst *Schumacher*, Drama und Geschichte. Bertolt Brechts »Leben des Galilei« und andere Stücke. Berlin (DDR) 1965
Albert *Schweitzer*, Die Lehre von der Ehrfurcht vor dem Leben. Grundtexte aus fünf Jahrzehnten. Hrsg. von Hans Walther Bähr. München 1966
ders., Friede oder Atomkrieg. Vier Schriften. München 1981
Elke und Jannes K. *Tashiro*, Hiroshima. Menschen nach dem Atomkrieg. München 1982
Rudolf *Virchow*, Gesammelte Abhandlungen aus dem Gebiet der öffentlichen Medizin und der Seuchenlehre. 2 Bde., Berlin 1879
Dietrich *Wahl* (Hrsg.), Ethische Probleme der Wissenschaft. Berlin (DDR) 1978
Carl Friedrich von *Weizsäcker*, Der bedrohte Friede. Politische Aufsätze 1945–1981. München 1981
Benedict *Winnubst*, Das Friedensdenken Albert Schweitzers. Amsterdam 1974
Walther Ch. *Zimmerli*, Wissenschaftskrise und Wissenschaftskritik. Basel/Stuttgart 1974
(Darin vor allem: Kurt *Weisshaupt*, Von der Verantwortungslosigkeit des Wissenschaftlers. S. 91ff.)

Nachdenken über Heimat

Fremde und Zuhause im Spiegel deutscher Poesie

Heimat – das war bis zur Mitte des neunzehnten Jahrhunderts ein nüchternes Wort: von Traulichkeit, Poesie und sentimentalem Glanz keine Rede. *Das* Heimat hieß es ursprünglich – *hämatli*, ein Neutrum, ist im Alemannischen noch heute gebräuchlich; aber auch das Femininum beließ, im Grimmschen Wörterbuch nachzulesen, dem Begriff Heimat jahrhundertelang die sachliche, eher der Jurisprudenz und Geographie als der »Volkskunde« zugehörige Bedeutung.
Heimat – Geburts- und Wohnort, Herkunftsland und elterliches Haus: Polizei und Bürgermeisteramt, staatliche Hoheitsdiener und Notare hatten mitzureden, wenn es um Heimat ging; wenn, im Falle eines Hauses oder eines eingefriedeten Stück Lands (auch das *Heimat* genannt), Erbrechte berücksichtigt sein wollten; wenn der Älteste das Gut übernahm und die Jüngeren (die Untermieter erst recht) »heimat-los« wurden: wenn der Erbe »auf der Heimat blieb«, während sich die anderen in der Welt nach neuem Besitz umschauen mußten; wenn, vor allem, diejenigen ihre Heimatrechte anmeldeten, Handwerksgesellen und Dienstboten, Vagabunden, Gelegenheitsarbeiter und entlassene Strafgefangene, die *per se* als heimatlos galten: Während dem Bürgerstand ein zehnjähriger Aufenthalt in der Gemeinde das Heimatrecht sicherte, blieben Knecht und Magd und alles, was sonst noch »diente«, ohne Aussicht auf Versorgung durch örtliche Kassen ... ganz zu schweigen von jenem »eigentumslosen Pöbel«, Plebejern und Asozialen, die Jahr für Jahr vorstellig wurden, um einen Heimatschein zu ergattern.
Vergeblich, natürlich, da es ja um Besitzlose ging, arme Teu-

fel, von denen zu befürchten stand, daß sie, alt und ausgepowert, eines Tages der Gemeinde zur Last fallen würden – Menschen ohne Eigentum und ohne Heimat, denen selbst die Hochzeit verwehrt war; denn Heirat und Besitz gehörten zusammen: »Ein Gemeindebürger«, heißt es im württembergischen Bürgerrechts-Gesetz vom 4. Dezember 1833, »hat sich vor seiner Verehelichung gegen die Gemeindeobrigkeit über einen gewissen Nahrungsstand auszuweisen... Die Zulänglichkeit des Vermögens wird mit Berücksichtigung der verschiedenen persönlichen und örtlichen Verhältnisse im einzelnen Falle bemessen.«

Heimat, dies zeigt der historische Rückblick, war einmal ein strenges Wort; da wurde gezählt und geprüft und gerechnet (»das neue Heimath«, heißt es bei Gotthelf von einem Bauern, »kostet ihn wohl 10 000 Gulden«), da schlossen schon Bagatellstrafen, Betrug zum Beispiel, in den »sechs letzten, dem Aufnahmeantrag vorangegangenen Jahren« die Gewährung des Heimatrechts aus – und wäre es nach dem Reichsfreiherrn vom und zum Stein und dessen Freunden gegangen, so hätte sich, dank preußischer Rigidität, die Zahl der Heimatlosen zu Beginn des neunzehnten Jahrhunderts noch einmal drastisch erhöht: »Das Heimatrecht«, plädierte Stein im Sinne der Vorschläge seines »achtungswerten Freundes« Kunth, könne nur jemand erwerben, der zum ersten bescheidene Kapitalien aufbringen, zum zweiten Atteste über seine Moralität vorweisen könne und zum dritten in der Lage sei, »zu lesen, zu schreiben, bis zur Regel de tri einschließlich zu rechnen und einen einfachen deutschen Aufsatz zu machen.«

Heimat – eine Idylle? Gewiß nicht. Rauhe Wirklichkeit vielmehr, Amtsstuben-Realität, Elend im Doppelsinn des Worts (Unglück und Fremde) auf der einen, Privilegierung auf der anderen Seite: Kein Wunder, daß die Kirchenlieder, da es für jedermann *hinieden* Herberge nicht gab, so gern auf die *himmlische* Heimat – die wahre und allgemeine – verwiesen, die keine Fremdlinge, Asylanten und Ausgeschlossenen kenne: die ewige Herberge der Christen, zu der auch – und gerade! – die Menschen von den »Hecken und Zäunen« gehörten.

Die Heimat mit Quelle und Wald hingegen, mit dem Mütterlein und den Trachten, der alten Linde und den rauschenden Bächlein: die Sonntagsheimat war eine Erfindung von Bürgern, die sich inmitten einer von wenigen Kapitalisten und vielen Industriearbeitern bestimmten Welt ein Refugium zu sichern trachteten, mit dessen Hilfe sie die Bedrohung von oben und unten, durch die Konzerne hier und die Proleten dort, zu kompensieren versuchten: Heimat als verklärtes Gestern, heile Welt und Relikt ständestaatlicher Ordnung im Zeitalter der Verstädterung, Industrialisierung, Vermassung. Heimat: ein geschichtsloser Flecken, in dessen Bannkreis die gesunden und beharrenden Kräfte, Aristokratie und Bauerntum, den revolutionären Mächten des Proletariats und der neuen Bourgeoisie zum Nutzen des deutschen Volkes widerstünden: das Gesunde dem Kranken, das kulturell Gewachsene dem Treibsand der Zivilisation, die familiäre Gemeinschaft jener Anonymität der großen Städte, in denen der einflußreichste Heimatideologe, Wilhelm Heinrich Riehl, in seiner »Naturgeschichte des Volkes als Grundlage einer deutschen Sozialpolitik«, die Inkarnation des Ungeists erblickte: »Diese großen und kleinen Großstädte, in denen jede Eigenart des deutschen Städtewesens abstirbt, sind die Wasserköpfe der modernen Civilisation.«

Heimat: Das hieß, im Sinne Riehls, für das ökonomisch entmachtete, auf Ersatzbefriedigung im Reich der Poesie angewiesene Bürgertum soviel wie Hort der Sicherheit inmitten allgemeiner Anonymität – Symbol des Überschaubar-Vertrauten, Überkommenen und Wiedererkennungsfähigen in einer vom Kapitalismus bestimmten Epoche zunehmender Gesichtslosigkeit.

Heimat: die Garantie einer Ordnung, wo der Herr mehr als der Knecht und der Mann mehr als die Frau galt. Heimat: ein Reich, in dem, was geschichtlich und sozial bedingt war, sich als (vermeintliches) Naturgesetz auf den Begriff gebracht sah. Heimatkult, wie ihn die Agrarromantiker nach 1848 pflegten, bedeutete Rücknahme der Aufklärung, Absage an den Kosmopolitismus von Weimar, Kriegserklärung an die Adresse der modernen Zivilisation, Preisgabe des Proletariats mit seinem Internationalismus, der zu beweisen schien, daß die Begriffe »heimatlos« und »vaterlandslos« zusammengehörten.

Heimat – ein Kunstprodukt, für das keine Wirklichkeit stand. Die Riehlsche Welt des Wahren, Echten und Guten, in der sich der gemeine Mann, der Bauer vor allem, »trotz aller Wühler und Heuler als erhaltende und ausgleichende sociale Kraft bewähre«, war schon deshalb Phantasmagorie, weil hinter der romantischen Vision von der Natur, in deren Ordnung der *homo humanus* sich verwirkliche, das Verhältnis zwischen Mensch und Mensch, dem Herrschenden und Beherrschten, ausgeblendet blieb: Ein paar Sätze aus Rudolf Virchows Traktat »Mitteilungen über die in Oberschlesien herrschende Typhus-Epidemie«, 1847 publiziert, und der ganze Riehlsche Heimatspuk, die Evokation der ständestaatlichen Idylle, wo »Emancipation« als Fluch- und Verderbensformel erscheint, ist mit einem Schlag hinweggewischt – eine unheilige Legende, deren Ideologiecharakter sich im gleichen Augenblick zeigt, wo die Realität ins Blickfeld rückt – die Realität mit ihren Spitälern, Auswanderungsbüros, Schnitterkasernen, Kirchhöfen und Wirtshäusern.

Hier Riehl und dort Virchow, hier der nationale Anwalt des Ständestaats, dort der liberale Demokrat: Die – idealtypische – Gegenüberstellung verdeutlicht, wofür Heimat ausgegeben wurde, seit der Mitte des letzten Jahrhunderts, und was Heimat wirklich war: *gefeiert* als verläßlicher Ordnungsfaktor, der die bestehenden Besitzverhältnisse als naturgegebene repräsentiere, konnte – und kann! – Heimat in Wahrheit nur dort Herberge für jedermann sein, wo, mit Virchow zu sprechen, *volle und unumschränkte Demokratie* garantiert, daß es, mitten im Eigenen, keine Fremdlinge gibt und Heimat zu einem Bezirk wird, in dem Selbstverwirklichung und Selbstbestimmung jedes einzelnen als Voraussetzung eines humanen Miteinanders fungieren.

Heimat, nochmals, war, bevor es zum Versatzstück bourgeoiser Festivität und einem sentimentalen Klischee verkam, einmal ein nüchternes, auf Besitzverhältnisse, Abhängigkeiten,

Privilegien und Dienste aller Art verweisendes Wort – ein Wort, das, befreit von falscher Idyllisierung, eben diese Nüchternheit und Präzision zurückgewinnen müßte, ohne – darauf freilich kommt es an – den echten und unverzichtbaren Glanz einzubüßen, die der Vokabel aus dem Bereich der Soziologie und Jurisprudenz den Doppelsinn gibt: Heimat, das ist ein Name, der den Notaren und Verwaltungskundigen in gleicher Weise wie den Dichtern gehört – nicht den Riehls und Roseggern natürlich, nicht den Gartenlaube-Autoren und Verfassern von Heimatdichtungen um 1900 (und den Blut-und-Boden-Barden erst recht nicht), sondern jenen Autoren von Rang, deren Klarsicht und prophetischer Benennung wir die exaktesten Auskünfte über Glanz und Elend, Weite und Beschränktheit des Begriffs Heimat verdanken: exakt dank des von der Poesie inszenierten Wechselspiels von Kenntnis und Distanzierung, Authentizität und Verfremdung.

»Erst die Fremde lehrt uns, was wir an der Heimat besitzen«: Der erste Satz der Fontaneschen »Wanderungen durch die Mark Brandenburg«, vom Autor durch die Deklaration als Zitat nachdrücklich betont, könnte auch Hebels Kalendergeschichten, Kellers Zürcher Novellen, Hölderlins vaterländischen Gesängen oder Heines »Wintermärchen« als Motto und Leitmotiv dienen: In jedem Fall geht es darum, das Vertraute aus Abstand wahrender Sicht als bemerkenswert, besonders und überraschend zu deklarieren und dem scheinbar Selbstverständlichen mit Hilfe nüchterner Distanzierung jene Objektivität zu verleihen, die der Autochthone, der niemals draußen war, notwendig verfehlt, weil er zu jenen gehört, von denen Hölderlin sagt, sie säßen »falsch anklebend der Heimath und der Schwere spottend der Mutter ewig im Schooße«.

Nur die Poesie der Ausfahrer, Exilierten und Vertriebenen kann adäquat beschreiben, was Heimat ist – nicht Dichtung der Nesthocker, die ihr heimeliges Glück im Winkel besingen, Provinzialität für Bodenständigkeit halten und dabei noch glauben, die großen, ihrem Land treu gebliebenen Sänger der

Heimat, von Hebel bis Fontane, für sich reklamieren zu können. Der Autor der Kalendergeschichten aber, um ihn als ersten zu nennen, war kein alemannischer Idylliker, sondern ein Weltmann und Sohn der Aufklärung, der Französischen Revolution verpflichtet und eingeschworen auf kosmopolitische Ideale wie Urbanität und Toleranz, die ihn, Johann Peter Hebel vom Wiesental, zum Verteidiger der Juden und Anwalt der outcasts und Häretiker machte.

Heimatverpflichtung und Weltbürgerlichkeit schließen einander nicht aus: ja, sie bedingen sich gegenseitig... in welchem Ausmaß, das beweist – Exempel Nummer zwei – Theodor Fontane, ein Autor, der schon dank seiner Anglophilie unter allen deutschen Schriftstellern vor 1900 der »großstädtischste« war und eben deshalb den Geist der Provinz, mit seinem Nebeneinander von Idealität und Lächerlichkeit, wie kein zweiter auf den Begriff bringen konnte. Da fuhr einer weit aus, litt unter Heimweh (»Die Heimat ist zu fern«, heißt es in einem Brief an die Mutter aus England, »wir sind eine Pflanze im fremden Boden; es nutzt nichts, daß man alle Sorten von Mist um sie her packt, sie geht doch aus, weil sie nun mal an anderes Erdreich gewöhnt ist, und wenn es auch nur der vielverschrieene märkische Sand wäre«), da plagte sich einer ab, fern von Berlin, den Havelseen und allen Schlössern Brandenburgs, und wußte doch genau, daß ohne Heimweh, ohne Sich-Umtun in der Fremde, ohne große Fahrt und Segelsetzen in fremden Gefilden Heimat nicht zu haben ist: »Die Fremde... lehrt uns nicht bloß sehen, sie lehrt uns auch *richtig* sehen. Sie gibt uns... das *Maß* für die Dinge.«

In der Tat, das ist ein bewegender Vorgang, wie da eine kleine Schar von Poeten aus der Erfahrung des Anderen und Fremden (auch wenn es nur in Karlsruhe lag: weit genug, immerhin, vom Wiesental) das Eigene mit einer Intensität ins Blickfeld rückte, die sowohl den Nur-Daheimgebliebenen als auch den Nur-Kosmopoliten versagt war: versagt den Stillen im Lande in gleicher Weise wie jenen Wanderern, die sich, mit Goethe, für »umhergetrieben« erklärten, nicht bereit, wie Seine Excellenz aus Weimar verlauten ließ, »sich irgendwo

anzusiedeln«. (Verärgert über die Impertinenz des Frankfurter Magistrats, der ihm zumutete, Hypotheken-Zinsen aus dem großväterlichen Vermögen zu zahlen, bat Goethe um Entlassung aus seiner Gemeinde, »womit« – ohne Bedauern an der Ilm – »der Name des Geheimen Raths dahier ausgelöschet und dreißig Kreuzer dafür verrechnet«.)
Wie anders da Fontane mit seinem zähen Beharren auf hugenottischem Märkertum, wie anders, er vor allem, Friedrich Hölderlin, der es für einen Verrat des Poetenamts hielt, der Heimat die Treue zu brechen – für einen Verrat aber auch, die Väterwelt als verfügbaren Besitz auszugeben, statt in ihm ein Stück Paradies zu erkennen, dessen Pforten sich nur dem Heimkehrenden öffneten: Allein aus der Ferne, so die Maxime desjenigen, der, wie die Gedichtüberschriften beweisen, »Heimat« zu den Schlüsselworten seines poetischen Weltverständnisses zählte... nur aus der Ferne, in der Sehnsucht des Abwesenden, nur im Konjunktiv und der Frage- und Wunschform lasse sich, im freiwillig gewählten Exil, Heimat angemessen evozieren:

Froh kehrt der Schiffer heim an den stillen Strom,
Von Inseln fernher, wenn er geerntet hat;
So käm auch ich zur Heimat, hätt ich
Güter so viele, wie Leid geerntet.

Ihr teuren Ufer, die mich erzogen einst,
Stillt ihr der Liebe Leiden, versprecht ihr mir,
Ihr Wälder meiner Jugend, wenn ich
Komme, die Ruhe noch einmal wieder?

Käm und *hätte* und *wenn*: Nie ist in der deutschen Literatur Heimat als das große Voraus: als künftige Herberge und als utopischer Besitz, wenn die Zeit sich erfüllt hätte, mit jener Inständigkeit beschworen worden wie in Hölderlins Gedichten »Die Heimat«, »Rückkehr in die Heimat«, »Heimkunft«, »Die Wanderung« oder »Ihr sicher gebaueten Alpen«: Ergreifend zu sehen, wie, aus der Distanz erlittener Ferne, das

Kleinste sich mit dem Größten verschwistert und im gleichen Atemzug der Kaukasus und der Spitzberg, nahe bei Tübingen, der Archipelagus und das glückliche Stuttgart, Patmos und der Schwarzwald, Asien und die Weinsteig anschaulich werden: »wo ich begraben liegen dürfte, dort, wo sich die Straße bieget ... um die Weinsteig, und der Stadt Klang wieder sich findet drunten auf ebenem Grün stilltönend unter den Apfelbäumen.«

Die Sprache des Heimwehs, zeigen Hölderlins geographisch bis ins winzige Detail hinein stimmige Bilder ... die Sprache des Heimwehs ist exakt: wie sehr, das verdeutlicht jene Emigrantenpoesie, zwischen Vormärz und Faschismus, in der die Heimatvision des um seiner dichterischen Sendung willen aus eigenem Entschluß Exilierten zur Klage der aus Deutschland Verjagten und Verbannten wurde: zum großen *j'accuse* jener Republikaner, die, anfangs in Paris oder Zürich, ein Jahrhundert später in aller Welt darzustellen versuchten, was es bedeutete, wenn, anders als in Hölderlins Fall, die Vertriebenen der Heimat die Treue hielten, aber die Heimat nicht ihnen: »Glücklich sind die«, heißt es in Heines Börne-Buch, »welche in (Deutschlands) Kerkern ... ruhig dahinmodern ..., denn diese Kerker sind eine Heimat mit eisernen Stangen, und deutsche Luft weht hindurch, und der Schlüsselmeister, wenn er nicht stumm ist, spricht die deutsche Sprache ... Es sind heute über sechs Monde, daß kein deutscher Laut an mein Ohr klang, und alles, was ich dichte und trachte, kleidet sich mühsam in ausländische Redensarten ... Ihr habt vielleicht einen Begriff vom leiblichen Exil, jedoch vom geistigen Exil kann nur ein deutscher Dichter sich eine Vorstellung machen, der sich gezwungen sähe, den ganzen Tag französisch zu sprechen, zu schreiben, und sogar des Nachts am Herzen der Geliebten französisch zu seufzen.«

Da wird, anno 1840, antizipiert, ein bißchen kokett, gewiß, ein wenig prätentiös in der halb amüsanten, halb tieftraurigen Selbstdarstellung des auf eine Ersatz- und Flucht- und Zweitsprache angewiesenen Poeten ... da wird antizipiert, was ein Jahrhundert später Klageschrei, Verfluchung, Ohnmachtsbe-

kundung jener Emigranten werden wird, die von einem Tag zum anderen nicht nur keine Heimat, sondern keine Geschichte mehr hatten.
»Die Vergangenheit war urplötzlich verschüttet«, heißt es in Jean Amérys Essay »Wieviel Heimat braucht der Mensch?« (einem Traktat, der in jedem Lesebuch stehen sollte), »man wußte nicht mehr, wer man war.« Heimat als Sicherheit verbürgender Bezirk, Heimat, die man, so Améry, haben muß, um sie nicht nötig zu haben; Heimat, von der ein Mensch um so mehr braucht – noch einmal Améry –, je weniger er davon mit sich tragen kann; Heimat als verläßliche Erinnerung, große Zukunftsvision und – als Feindheimat! – ekelerregende Gegenwart: *ex negativo*, aus der Perspektive der Heimatlosen, wurde in den Jahren des deutschen Faschismus die durch Distanz und Verfremdung gewonnene Erhellung vieler kleiner Heimaten, vom »glückseligen Suevien« Hölderlins bis zu Theodor Fontanes »Mark«, gleichsam potenziert: Von Heimat, zeigte sich damals, wird nicht der Ausfahrer oder der freiwillig in die Fremde Gegangene, sondern ausgerechnet jener am verläßlichsten reden, dem die Rückkehr versagt ist, weil seine Heimat ihm – in der Muttersprache – den Scheidebrief ausfertigte.
»Alles fließt von mir ab«, schrieb der ins Lager gejagte Lyriker Alfred Mombert 1941 an einen Freund, »wie ein großer Regen... alles mußte zurückbleiben, alles. Wohnung, versiegelt durch die Gestapo. Ich mit meiner 72jährigen Schwester samt aller jüdischen Bevölkerung Badens und der Pfalz, samt Säugling und ältestem Greis binnen einiger Stunden zum Bahnhof... Ob Ähnliches je einem deutschen Dichter passiert ist?«
...einem deutschen Dichter passiert: Das ist die Klage eines Mannes – Améry, Leidensgefährte Momberts, pointiert in seinem Essay die Schlußmaxime des von ihm zitierten Briefs... die Klage eines Mannes, der nicht einsehen mochte, daß es Zeitläufe gibt, in denen Gegenwart die Vergangenheit auslöscht, so daß der Exilierte, der Schriftsteller voran, ein für allemal heimatlos wird – einer Sprache beraubt, die mit der wirkli-

chen Rede, dem Herren-Deutsch der Zeit, nur noch die Grammatik gemein hat: also wenig genug – und das bedeutet, daß einer, der, da er überlebt hatte, schließlich dann doch heimkehren konnte, nicht in die Heimat, sondern in die Fremde zurückkehrte: ein Besiegter, der denen, die ihm die Treue nicht hielten, am Ende als verhaßter Sieger begegnet, so wie Brecht es in seinem Gedicht »Rückkehr« auf den Begriff gebracht hat.

Die Vaterstadt, wie find ich sie doch?
Folgend den Bomberschwärmen
Komm ich nach Haus.
Wo denn liegt sie? Wo die ungeheuren
Gebirge von Rauch stehen.
Das in den Feuern dort
Ist sie.

Die Vaterstadt, wie empfängt sie mich wohl?
Vor mir kommen die Bomber, tödliche Schwärme
Melden Euch meine Rückkehr. Feuersbrünste
Gehen dem Sohn voraus.

Wie weit von Hölderlins Versen entfernt: der Brief Alfred Momberts, Amérys Heimat-Essay und Brechts Gedicht über die Rückkehr des Sohnes im Zeichen des Todes! Allein vier kurze Worte, notiert in einer Fassung für »Brot und Wein«, verweisen auf gemeinsames Empfinden des aus großer Ferne über die Heimat verfügenden Dichters und der heimatlosen, in Auschwitz ermordeten oder in die Fremde zurückgekehrten Poeten des zwanzigsten Jahrhunderts: »(Sie) zehret die Heimat.«
Ansonsten aber: Welche Diskrepanz zwischen den von Vertrauen und gelassener Erwartung bestimmten Versen Hölderlins, der – immerhin – von sich gesagt hat, er müsse »wandern von Fremden zu Fremden«, und den vom »Nie wieder werd ich Dich sehen, Heimat« bestimmten Deutschland-Dichtungen der Emigranten unter der Diktatur des Nationalsozialis-

mus! Welche Kluft zwischen der Evokation einer freundlichen, auf *wechselseitiger* Treue beruhenden Heimkunft und der Beschwörung einer Wiederkehr, die auf Destruktion, Schuld und Vernichtung derer beruht, die aus eigenen Kräften ihr Joch nicht abschütteln konnten.

Einstmals: »O Stimme der Stadt, der Mutter! O du triffest, du regst Langegelerntes mir auf! ... Ja! Das Alte noch ists! Es gedeihet und reifet, doch keines, was da lebet und liebt, lässet die Treue zurück.«

Und, dagegen, ein Jahrhundert später: »Die Vaterstadt, wie empfängt sie mich wohl? Vor mir kommen die Bomber. Tödliche Schwärme melden Euch meine Rückkehr. Feuersbrünste gehen dem Sohn voraus.«

Wie ein Widerruf der Hölderlinschen Heimatvision, eine Revokation in düsteren Zeiten, nimmt sich das Brecht-Gedicht aus: *Rückkehr* als korrigierende Fußnote zur Elegie »Heimkunft«! Und doch ist das Problem, hier ins Zuversichtlich-Heitere, dort zum Widersprüchlichen, ja Paradoxen gewendet, das gleiche, wird »Heimat« nicht als Besitz, sondern als gefährdetes, bedrohtes, auf Bewahrung eines wechselseitigen Pakts angewiesenes Gut ausgegeben: ein Gut, das, wie die Emigrantendichtung unseres Jahrhunderts zeigt, verspielt und verramscht werden kann.

Die verkommene, unkenntlich gewordene, entstellte Heimat: ein Zentralsujet zeitgenössischer Literatur – entwickelt am Beispiel (und aus der Perspektive) von Heimkehrern, dem Ludwig Anatol Stiller Max Frischs zum Beispiel oder Dürrenmatts Claire Zachanassian – Heimkehrern, die durch ihr Anderssein (Hölderlin würde sagen: ihre »Treue zum Ursprung«) jene Gedächtnislosigkeit entlarvten, mit deren Hilfe die Daheimgebliebenen dort Kontinuität inszenierten, wo allein Trauerarbeit und Neubeginn der Utopie Heimat hätten gerecht werden können.

Man sieht: Konturierung des Eigenen, in seinem Glanz und seiner Erbärmlichkeit aus distanzierter Sicht – das bleibt, von Hölderlin über Fontane, Brecht und Anna Seghers (Das siebte Kreuz: Archetypus exaktester Heimwehdichtung!) bis zur

Poesie unserer Tage Aufgabe für jede Literatur, die darauf abzielt, das Janus-Gesicht der Heimat zu zeigen: mitsamt der Okkupation durch Anwälte eines engstirnigen und brutalen Provinzialismus (»Wir sind wir«: Devise aller *falsch Anklebenden* in Hölderlins Sinn), mitsamt der Verteidigung von seiten der Ohnmächtigen aber auch, der Schriftsteller als der berufenen Erinnerungskünstler vor allem, denen es um die Dialektik zwischen dem kleinen Zurück und dem großen Voraus, der Heimat für den einzelnen und der Herberge für jedermann geht.

Die Fremde (allein) lehrt uns richtig sehen: Das Fontanesche Diktum, durch Holocaust und millionenfache Vertreibung aufs grauenvollste bestätigt, bleibt gültig – gültig, andererseits, aber ebenso die Maxime, die da besagt, daß es dem Schriftsteller sehr wohl möglich sei, auch den umgekehrten Weg zu verfolgen und die Heimat nicht von der Welt, sondern die Welt von der Heimat aus, im Prozeß wechselseitiger Ergänzung und Relativierung des Kleinen und Großen, vor Augen zu führen: hüben die Polis und drüben, von ihr aus geöffnet, die bewohnbare Ferne.

Hüben der bergende Grund, verläßliches Fundament und die Sicherheit im kleinsten Bereich (»so wie man die Muttersprache erlernt, ohne ihre Grammatik zu kennen« – ein letztes Mal Jean Améry! –, »so erfährt man die heimische Umwelt. Muttersprache und Heimatwelt wachsen mit uns, wachsen in uns hinein und werden so zur Vertrautheit, die uns Sicherheit verbürgt«); hüben *das* Heimat im Sinne von elterlichem Anwesen und anvertrautem Gut (»Der Zusann oder das Heimat« heißt eine Geschichte Adolf Muschgs); hüben, immer wieder, die Identifizierung von »Heimat« und »Mutter« – jener Mutter, wie sie Heine in »Deutschland, ein Wintermärchen« oder Stifter im Fragment seiner Autobiographie beschrieb (». . . die Augen, die mich anschauten, die Stimme, die zu mir sprach, die Arme, die alles milderten. Ich erinnere mich, daß ich das ›Mam‹ nannte«); hüben die Benennung des verpflichtenden Ersten, einer Messe, eines Gangs über den Hof, einer Landschaft am Fluß, und drüben, eingebracht dank plötzlicher

Erweiterung des Beschränkten und Unscheinbaren ins Allgemeine, die große, dem Partikularen seinen Stellenwert im Rahmen einer mitgedachten Totalität gebende *Welt*: Da wird Stifters Oberplan, mit Mam und der Messe und einem Fenster, das den Blick ins Offene freigibt, zu einer Lokalität von archetypischem Rang, einer Region, wo das Licht über die Nacht triumphiert (»in meiner Erinnerung ist lauter Sommer«); da gewinnt das Gotthelfsche Haus den Charakter eines gewaltigen Turms, von dem aus mit der Nähe auch die Ferne überschaubar wird; da verwandelt sich, in Hölderlins Versen, die Neckarlandschaft am Rande der Alb, um Nürtingen herum, zu einem *locus amoenus*, der auf einen idealen, durch Raum und Zeit unbegrenzten Süden verweist: »Ihr milden Lüfte! Boten Italiens! Und du mit deinen Pappeln, geliebter Strom! Ihr wogenden Gebirg! O all ihr sonnigen Gipfel, so seid ihrs wieder?«

Und dann Raabe, mit dem von ihm inszenierten Reigen, in dem »deutsche Provinz« mit dem »Tumurkieland« alterniert und der Heimkehrer Leonhard Hagenbucher, remigriert aus Afrika, ein Extratänzchen mit jener autochthonen Bourgeoisie wagen muß, die der vermeintliche Heimatidylliker Raabe in einer Weise glossiert, die selbst den Spottvogel Heine im Pariser Exil zu einem *da capo* inspiriert haben könnte: »Das germanische Spießbürgertum«, schreibt, die Heimat an der Welt messend, Wilhelm Raabe im »Abu Telfan«, »fühlte sich dieser fabelhaften, zerfahrenen, aus Rand und Band gekommenen, dieser entgleisten, entwurzelten, quer über den Weg geworfenen Existenz gegenüber in seiner ganzen Staats- und Kommunalsteuer zahlenden, Kirchstuhl gemietet habenden, von der Polizei bewachten und von sämtlichen fürstlichen Behörden überwachten gloriosen Sicherheit.«

Heimatkunst im üblichen Sinne, idyllisierend, affirmativ, auf Wahrung des gesellschaftlichen *status quo* bedacht, ist dergleichen gewiß nicht; dafür spielt zuviel Republikanertum, Achtundvierzigergeist und Urbanität mit: alles das, was auch andere, von konservativen Ideologen so gern unter die Bewahrer heimatlicher Art gezählte Autoren, in Wirklichkeit weltläufig, vom Geist der Aufklärung geprägt und demokratisch sein läßt, einerlei, ob es sich, noch einmal, um den Citoyen und Obskuranten-Verächter Johann Peter Hebel oder jenen erzliberalen Theodor Fontane handelt, der für die Dialektik von Nähe und Ferne, Heimat und Welt das treffendste Äquivalent aufgespürt hat, das es in der deutschen Literatur gibt: den stillen See Stechlin irgendwo in der Mark (»bei Rheinsberg und darüber hinaus«), der sich plötzlich zu regen beginnt und eine Fontäne aufsprudeln läßt, sobald sich irgendwo in der Welt, zwischen Island und Hawaii, etwas ereignet. Nähe, aus der Ferne verfremdet; Ferne, aus der Nähe eröffnet: So und nicht anders konstituiert sich jenseits von Provinzialität und ubiquitärem, also poetisch belanglosem Kosmopolitismus nicht Heimatliteratur, aber Literatur, die, was Heimat bedeutet, auf den Begriff bringt – Literatur, aus der verbindlich zu ersehen ist, wie wenig dieser Begriff mit Idylle, Sonntäglichkeit und Romantik zu tun hat: wie viel, statt dessen, mit Elend und Ausbeutung, Armut und Enge – aber auch mit Geborgenheit und Verweisungskraft über die Grenzen hinaus.

Heimat: Das ist Paveses Hügelland um Turin, Joycens Dublin, Bölls Köln und das Ingolstadt der Marieluise Fleißer; Heimat ist Kroetzens bäuerisches Bayern, Uwe Johnsons Mecklenburg und die Alb Peter Härtlings – Regionen, die in einem Augenblick an Valenz und über die Literatur hinausreichender Bedeutung gewinnen, wo der Begriff Vaterland deshalb endgültig obsolet geworden ist, weil er, im Gegensatz zu Heimat, die Deutschen beider Republiken auf künstliche: weil geschichtslose Gemeinwesen verweist. Kein Wunder, unter diesem Aspekt, daß es heute, hüben so gut wie drüben, zwar eine regionalistisch und sozialkritisch akzentuierte, aber keine »vaterländische«, keine deutsche Literatur mit, hier wie dort, unverwechselbaren Inhalten und spezifischen Eigenschaften nationaler Natur gibt: Die Tage, da der Sozialist Bertolt Brecht *Deutschland, die bleiche Mutter* besang, gehören in gleicher Weise der Vergangenheit an wie jene bürgerliche Epoche, deren Exponent, Thomas Mann, im

»Doktor Faustus« den Schwanengesang der Kunst mit der Endzeit Deutschlands identifizierte.
Deutschland, das ist eine Vokabel aus dem Geschichtsbuch und, dazu, natürlich ein Wort, das an Schuld erinnert, von deren Aufarbeitung das Mehr oder Minder an gesellschaftlichem Ansehen so gut wie die moralische Existenz jedes einzelnen abhängen sollte. Aber Deutschland – ein Stück lebendiger Gegenwart? Vaterland, sei's hier oder sei's dort: ein Begriff, der auf spontane Übereinstimmung des Individuums mit dem Allgemeinen hindeutete? Die Frage zu stellen heißt, sie zu beantworten: Nein, diesen freiwilligen, nicht erzwungenen Konsens mit einem sich wie immer definierenden Vaterland gibt es, hier und jetzt, zumal unter der Jugend gewiß nicht, wohl aber die Bereitschaft, das Streben nach Selbstverwirklichung durch solidarisches Handeln zum Wohl einer Heimat zu transzendieren, deren Gedeihen mehr und mehr von den Sonderinteressen wirtschaftlich mächtiger Gruppen bedroht ist; wohl aber die gemeinschaftstiftende Einsicht, daß – Topos von der Gründung der Heimatschutzbünde bis zu den Deklarationen des Kölner Oberbürgermeisters Konrad Adenauer – ein Bodenrecht, das Privatspekulationen geradezu provoziert, am Ende jegliches Sich-Identifizieren der Bürger mit ihrer Heimat verhindert; wohl aber das Wissen, daß allein das tätige und selbstbestimmende Subjekt, nicht aber der Außengelenkte, von anonymen, über seinen Kopf hinweg gefällten Entscheidungen Abhängige Heimat haben kann; wohl aber die Meinung, daß, mit Martin Walser zu sprechen, Demokratie und Sozialismus zwei Wörter für einen irgendwann einmal zu realisierenden Heimatzustand sein könnten: einen Zustand, wo jedermann, da er im Kleinsten sein verläßliches und ungefährdetes Zuhause hat, auch im Großen, dem von Partizipation im Alltag geprägten Gemeinwesen, furchtlos sein kann.
Die Heimat der einzelnen, dies ist am Ende – zum ersten – von den Poeten zu lernen, will eines Tages Haus werden (Ernst Bloch hat es mit biblischem Pathos, in den letzten Sätzen des »Prinzip Hoffnung«, beschrieben) – Menschheitshaus, das

Raum für alle hat: Utopie des Irgendwann-Einmal, in der bisher noch niemand war.
Heimat – die zweite Lehre der Literaten – ist allein dort, wo Provinzialität durch weite Horizonte, Selbstbewußtheit durch Offenheit gegenüber den Fremden konterkariert wird; denn eine Heimat, wo die Flüchtigen: Asylanten und Gastarbeiter also, wie Dienstboten um 1800, wenn nicht noch schlechter, behandelt werden, hört auf, Heimat auch für die Autochthonen zu sein.
Und dann die dritte Lehre der Literaten: Es gibt, so Matthias Claudius, nicht nur ein Heimweh, sondern auch ein Hinausweh – Hinausweh, das immer wieder zur Gründung neuer, zweiter, besserer Heimaten führt, Winckelmanns römischer Heimat zum Beispiel oder Schillers Zuhause in Weimar: weitab in jedem Fall von aller Drangsal der Jugend – ein Zuhause, das an keinen Ort gebunden ist, sondern sich überall einstellt, wo Freundlichkeit, urbanes Gespräch und geselliger Austausch, erasmianisches Colloquium und die Causerie unter den Freien und Gleichen regieren: Heimat als Synonym für Menschlichkeit, die keine Grenzen kennt. (Wie heißt es im »Fels-Weihegesang« des jungen Goethe? »Da, wo wir lieben, ist Vaterland, wo wir genießen, ist Hof und Haus.«)
Und schließlich das vierte und letzte: Welche, und wie viele, Heimaten einer auch haben mag (zumal die Deutschen konnten, zumindest ein Jahrhundert lang, über *zwei* Regionen verfügen, wo sie sich heimatlich fühlten: die Herkunftsstatt und jenes Griechenland, bei dessen Namen, wie es in Hegels »Geschichte der Philosophie« heißt, dem »gebildeten Menschen in Europa, insbesondere uns Deutschen, heimathlich zu Muthe wird«)... wie immer jemand zu seiner einen oder den vielen, den gewesenen oder den kommenden Heimaten, den irdischen oder den himmlischen, stehen mag: Er müßte bedenken, daß es kaum einen Begriff gibt, der verfügbarer zu sein scheint und in Wahrheit, um in der Vielfalt seiner Erscheinungsformen begreifbar zu werden, größerer Gedankenanstrengung bedarf als das Substantiv Heimat.
Ein nüchternes und ein poetisches, also ein rätselhaftes Wort.

Ein Wort, über das in den Spuren der Dichter nachzudenken bedeutet: sich des scheinbar Selbstverständlichen kundig zu machen, das, recht betrachtet, das Befremdlichste ist... und eben dies meint Hölderlin, wenn er im Brief an Böhlendorff, Dezember 1801, den Satz formuliert, der sein Glaubensbekenntnis enthält und zugleich die Quintessenz aller Heimat-Meditationen zieht: »Aber das Eigene muß so gut gelernet seyn wie das Fremde.«

Theologie und Literatur

Möglichkeiten und Grenzen eines Dialogs

Theologie und Literatur: So unausschöpflich, von einem einzelnen kaum zu bewältigen, ist dieses Thema, daß, wer immer es anpackt, gut daran tut, zunächst einmal nach einem verläßlichen Ciceronen Ausschau zu halten, einem Sachkundigen aus den oberen Rängen, der das Problem, wenn nicht abschließend, so doch umfassend, eigenwillig und widerspruchsreich, interessant also auf jeden Fall, analysiert hat. Grund genug, mich, im ersten Dritt-Teil meiner Überlegungen, ehe es ans Allgemeine und Grundsätzliche geht, in die Schule jenes Sören Kierkegaard zu begeben, dem wir zumindest die originellste Formulierung *des* – nein, *seines* Problems verdanken: »Wie, Christ und Poet, meinst du den Glauben und die Kunst, Ästhetik und Religion, miteinander verbinden zu können?«
Und damit, Sören Kierkegaard folgend, mit einem Sprung vom theologischen Tübingen, der Heimat David Friedrich Strauß' und Ferdinand Christian Baurs, ins liberalere Kopenhagen, vom Ende des zwanzigsten zurück in die Mitte des neunzehnten Jahrhunderts – und mittels eines Saltos, eines verwegenen, *ex negativo* geradenwegs zum Thema führenden Zitats unseres Ciceronen, zur Sache!
»Ware es mir möglich«, läßt Kierkegaard, in der Rolle eines dänischen Bilderstürmers, wissen, »wäre es mir möglich, den Pinsel einzutauchen, den Meißel zu erheben, um Christus in Farben darzustellen oder um seine Gestalt auszuhauen?... Ich antwortete: Nein, es wäre mir unbedingt unmöglich... Mir ist die Ruhe unbegreiflich, mit der ein Mörder sitzen und das Messer schleifen kann, womit er einen andern Menschen töten will... Aber mir ist ebenso unbegreiflich, woher ein

Künstler die Ruhe bekam, jahrein, jahraus fleißig bei der Arbeit zu sitzen und Christus zu malen, ohne zu fragen, ob Christus sich gemalt wünsche. Ich begreife nicht, daß der Künstler Christi Unwillen nicht merkte, nicht plötzlich alles über den Haufen warf, Pinsel und Farben (wie Judas die dreißig Silberlinge), weit, weit weg, weil er plötzlich verstand, daß... er, der hier in der Welt in Armut und Niedrigkeit lebte... nicht wünschte, daß nach seinem Tode ein Mann... vielleicht seine Seligkeit damit verliere, daß er ihn malt. Ich begreife das nicht, mir wäre der Pinsel in derselben Sekunde, wo ich beginnen wollte, aus der Hand gefallen; ich wäre vielleicht nie wieder Mensch geworden... Der Künstler aber bewundert sich; und alle bewundern den Künstler (und betrachten) das Bild als Kunstkenner: ob es ein Meisterwerk ist..., ob Blut so aussieht, ob der leidende Ausdruck künstlerisch wahr ist... Was wirkliches Leiden war,... das setzt der Künstler in Geld und Bewunderung um... (Nein,) dies ist kein Vorschlag, den Künstler oder irgendein Kunstwerk anzutasten, keineswegs! Aber da ist ein Rätsel, das ich mich verpflichtet fühle anzugeben: Daß, was ich sage, christlich ist, davon bin ich in meinem innersten Herzen überzeugt«: geschrieben, zu Kopenhagen, um die Zeit der Revolution von 1848; verfaßt unter dem Pseudonym Anti-Climacus; vorgetragen in Form einer Kampfansage an die Kunstauffassung jener *Christenheit*, die, dank ihrer ästhetisierenden Verherrlichung des erhabenen Menschen Jesus, einer ehrwürdigen historischen Figur, die dem *Christentum* inhärente Verpflichtung für jedermann: Nachfolger und nicht Bewunderer des Herrn zu sein, aus dem Blick verloren habe.

Christliche Kunst – so Kierkegaard – sei der genuine Ausdruck eines neuen Heidentums: Spiel, Ästhetentum und erbauliches Teegespräch in Atelier und Salon (»ob das Farbenspiel und die Schlagschatten richtig seien«); unverbindliches Gerede der frommen Gourmets und Bewunderer, die, statt Zeugen Jesu Christi und Apostel unter dem Kreuz zu sein, in der Pose von Predigern und Schauspielern über die Idealität der Christenheit und die moralische Größe ihres Gründers theoretisierten und dabei nicht merkten, daß sie, Ästheten ohne Ethos und Parleure ohne Existenzbezug, sich in Wahrheit nicht Jesus Christus, sondern dem Teufel – und diesem »Nichts von Heidentum«! – verschrieben hätten; Betrüger vor Gott allesamt, die Künstler, Schriftsteller, Redner und, alleweil vorneweg, die Prediger im trauten Beieinander der »nicht wahren« Christen vereint!

Magier der Kultur, Histrionen, Universalkünstler aus dem Bilderbuch der Romantik, die, im Ballsaal, auf dem Theater und in der Kirche, ihre Künste vorführten: Alle werden von Kierkegaard, dem Generalankläger, der Gerichtstag über das Ästhetische als das widerchristliche Prinzip hält, in sarkastischer Rede an den Pranger gestellt – abgeurteilt unter der Devise »In die Hölle mit euch, Pfarrer und Komödianten«.

»Wenn ein Tränen vergießender geistlicher Redner«, heißt es in den *Tagebüchern*, »lange Zeit am Predigen gehindert gewesen ist – so erzählt seine Familie gerührt, er sehne sich nach seiner Kanzel. Ja, besten Dank, ebenso sehnt sich auch ein Schauspieler nach den Brettern, und ein alter Komödienbesucher nach dem Theater. Wenn man ein klein bißchen Phantasie hat, ein wenig Begabung... so kann es wohl ein Bedürfnis sein, wie eine Wollust, daß man auftritt, hingerissen wird und hinreißt, daß man die Verwechslung veranlaßt, man sei selbst ein solcher, daß man die Spannung der Gemeinde empfindet, daß man die Tränen der weiblichen Jugend entgegennimmt und so weiter – o ja, das ist recht schmackhaft.«

Niemals, so darf behauptet werden, hat ein einzelner mit einer den Kierkegaardschen Invektiven vergleichbaren Schärfe die Möglichkeit angemessener, also existenziell verpflichteter Darstellung des jesuanischen Christentums in Frage gestellt: So viele Verdammungsurteile über die Laszivitäten der Maler, Poeten, Stückeschreiber und Musikanten es, über die Jahrhunderte hinweg, gegeben hat, so viele kleine und große Tertullians oder Johann Melchior Goezes, so umfangreiche, von erlauchten Namen strotzende *indices librorum prohibitorum*, so erbitterte Zwiste, von der Zeit des Eusebius bis zu den Tagen der Gegenreformation, über die Bedeutung frommer

Bilder, deren – begrüßenswerte – Erinnerungs- und Lehrfähigkeit und deren – zu beklagende – kultische Verehrung: Niemals hat einer, der mit der Vollmacht des Kenners redete (und nicht nur mit der Befugnis des selbstherrlichen Zensors) das Spektakel sogenannter christlicher Künste derart konsequent, wie Kierkegaard es tat, als unernst, amoralisch und irreligiös etikettiert.

Aber dieser gleiche Kierkegaard, der die Komödianten und Pfarrer, mitsamt ihrem auf religiöse Vernissagen eingeschworenen Troß aus der Kopenhagener Schickeria, das Fürchten lehren möchte – der gleiche Kierkegaard war selbst viel zu sehr Künstler (und hat deshalb ein Anrecht darauf, bei jeder Disputation, die das Problem »Kunst und Religion«, »Literatur und Theologie« behandelt, als Kronzeuge vernommen zu werden) – der gleiche Kierkegaard hatte, Ästhet, der er war und blieb, sich viel zu sehr auf artistische Spekulationen eingelassen: auf Täuschungs- und raffinierte Bezugs-Spiele mit Hilfe immer neuer Pseudonyme, Masken und Inkognitos, als daß er nicht alles daransetzen mußte, die Literatur, kaum daß er sie verketzert hatte, wieder in ihre Rechte zu setzen – will heißen, ihr zumindest den Charakter einer religiösen Propädeutik zu belassen: einer Unterweisung, der zwar die Zeugnisrede wahrer Prophetie, nicht aber der vermittelt-indirekte Diskurs über die Diskrepanz zwischen Christen*tum* und Christen*heit* versagt sei.

Wenn schon nicht Zeuge und Nachfolger Jesu, könne der religiöse Schriftsteller doch immerhin einer aus der Gilde sokratischer Geburtshelfer sein, die sich »in Rapport mit den Menschen« begäben, um sie, mit Hilfe einer behutsamen ästhetischen Unterweisung, über ihr Nichtwissen aufzuklären – in höherem Auftrag wohlgemerkt –, als »Spione Gottes«, für die Täuschung und Maskenspiel ein Mittel sei, den einzelnen gleichsam in die Wahrheit »hineinzulisten«.

Verteufelung und behutsamer Preis der Kunst halten bei Kierkegaard einander die Waage: Da das Unheil eines nur theoretisch, nur intellektuell, nur ästhetisch verstandenen Christentums einmal in der Welt sei, hätte (so der Rechtfertigungsversuch) der religiöse Gedankenkünstler eine Dichterexistenz vorzuleben, der ein »Zusatz von etwas Dämonischem« (sprich: Krypto-Religiösem) zugesellt sei; einer poetischen Tendenz auf Gott hin, die den Schriftsteller in Gegensatz zu jener »Spießbürgergilde« der christlich Meinenden brächte, die eben dabei sei, so Kierkegaard, »von jenem letzten geistlichen Orden, der im Protestantismus aufgekommen ist, den Erwerbs- und Amtsbrüdern«, seliggesprochen zu werden.

Und dagegen nun der Poet: auch er ein Nichtnachfolger – aber immerhin doch einer, der darum wisse und die Erinnerung an ein aus den Blicken geratenes, aber unverzichtbares Christentum wachhält: »Es gibt Dinge« – ›Ein Wort über mich selbst‹ in den *Tagebüchern* –, »die ständig in Erinnerung gebracht werden müssen, sonst verliert man den Maßstab. Es ist wie des wilden Vogels Flug über den Häuptern der zahmen, wenn man an solche Bestimmungen des christlichen Lebens erinnert, die das Äußerste fordern. – Aber eben, weil ich dergestalt ein Dichter bin, der die Aufgabe hat, den Preis hochzuschrauben und womöglich jedem einzelnen zuzuflüstern, wie hoch die Forderung sein könnte, eben deshalb muß ich besonders darauf achten, keine Anhänger zu finden.«

Der Künstler – in erster Linie der Literat: das ist für Kierkegaard zugleich das interessanteste Wundertier inmitten einer radikal säkularisierten Epoche und, in der Gebrochenheit spielerischer Annäherung, ein einsamer, durch seine Isolation in ein geheimes Bezugsverhältnis zu Jesus Christus gebrachter Artist – das, ungeachtet aller Bewunderung, wegen seines Andersseins preisgegebene Opfer.

Der Künstler: ein Possenreißer und Hans Narr, der sich, den Gezeichneten inmitten der Flaneure und Pharisäer, als Komplizen Jesu versteht. Hüben die Verdammung des Künstlers als Inbegriff des theoretischen Menschen und drüben seine Apotheose als Palladin und Stellvertreter des Gekreuzigten: *Beides* steht bei Kierkegaard unmittelbar nebeneinander, *beides* wird in Form des unbarmherzigsten Selbstgerichts zur Sprache gebracht, das – sieht man von Kafka ab – je ein Schriftsteller inszeniert, dialektisch gewichtet und, unter dem Aspekt »Möglichkeiten, den poetischen Spionen Gottes die Würde von Reformatoren zurückzugeben«, in der Rolle des Anklägers, der zugleich Verteidiger ist, analysiert hat – und das auf eine Weise, die theologischen Scharfsinn mit Witz und Sarkasmus vereint: Wiewohl ein schlechter Christ, läßt Anti-Climacus seine Kopenhagener wissen, ist der Literat immer noch ein besserer Pfarrer als alle amtierenden Konfratres zusammen.

Schlechte Zeiten für aufrechte Christen! »Was«, fragt Kierkegaard, »ist da zu tun? Ja, da müssen wir einen... taktischen Vormarsch ins Werk setzen. Zuerst (zuerst!) eine Abteilung Dichter; fast niedersinkend unter den Forderungen der Idealität: mit der Glut einer gewissen unglücklichen Liebe die Idealität darstellend. Danach können die jetzigen Pfarrer ins zweite Glied rücken. Die religiösen Dichter müssen eben die Darstellungskraft haben, welche aus dem Strom hinaushilft. Wenn das getan ist, wenn eine Generation aufgewachsen ist, die von Kind auf den leidenschaftlichen Eindruck eines existenziellen Ausdrucks der Idealität empfangen hat, so kommen... die eigentlichen Wahrheitszeugen wieder.«

In der Tat, keiner, nochmals, hat die religiöse Kunst so emphatisch in Frage gestellt, keiner aber hat sie, andererseits, durch die Verpflichtung auf ihr geistliches Amt in glaubensferner Zeit so aufgewertet wie Sören Kierkegaard: ein Schriftsteller, der, als Anti-Climacus (das heißt: »ein Christ im außerordentlichen Grad«) am Ende – auch dies ohne Beispiel in der Literatur! – seine Meditationen über die Dialektik der Poesie so weit treibt, daß er den Poeten – sich selbst! – mit Hilfe von Chiffren beschreibt, die sich zu gleicher Zeit auf Jesus beziehen: Genie in der Kleinstadt; unerkannt von den Seinen. Ein Einsamer, dessen Pseudonyme verbergen, wer er eigentlich sei. Ein Märtyrer, der sich, in der Zwielichtigkeit seines Dichtertums, der Sache eines geheimen, ihm unendlich fernen und gleichwohl brüderlich verbundenen *alter ego* aufopfert. Ein Literat, der darauf pocht, daß er und seinesgleichen »Fäden« seien, durch die Gott das Dasein festhalte; ein

Spießgesell in Knechtsgestalt, eingehüllt ins Inkognito eines niederen Menschen: Er wisse, lautet Kierkegaards, die Geheimverbindung in unverhüllter Rede preisgebender Glaubenssatz – er wisse, daß es Menschen gäbe, deren Bestimmung es sei, »geopfert zu werden, in irgendeiner Art und Weise geopfert zu werden, um die Idee herauszustellen – und daß er durch sein besonderes Kreuz ein solcher sei«.
Ist das Blasphemie, solche Rede – ein In-Spuren-Gehen, dessen Beschreibung jedes vernünftige Maß selbst dann überschreitet, wenn man bedenkt, daß Kierkegaard mit dem Verweis auf die ihm gegebene Knechtsgestalt »eines Sendboten Gottes« und »Chronisten in besonderer Mission« nicht nur, um seiner Rechtfertigung willen, auf Christus verweisen, sondern zugleich, im Akt rigoroser Selbstdenunziation, die Zweideutigkeit seines Dichtergeschäfts, das Tätigsein an der Grenze von Gnade und Sünde, Demut und Selbstgefälligkeit, darstellen wollte? (»Dichterischer Reflecteur des Christlichen« zu sein hieß eben auch, weder dem Religiösen noch dem Artistischen gerecht werden zu können und damit, so oder so: durch ein Zuwenig an artistischem Charisma oder an christlicher Zeugenschaft schuldig zu werden.)
Wie immer man Kierkegaards bis zur Manie getriebenes Ineinssetzen von jesuanischem und eigenem Weltverhalten beurteilen mag: unbezweifelbar ist, daß durch den Verweis des Virtuosen, Zauberkünstlers, Maskenträgers Kierkegaard auf den »dummen Hans« von Nazareth der niedrige Jesus eine Plastizität gewinnt, die ihn – läßt sich höheres Lob denken? – zum Partner des Angeklagten in Dostojewskis »Großinquisitor«-Geschichte aus den »Brüdern Karamasoff« macht.
Wenn der Gekreuzigte in der Literatur jemals zu einer Gestalt aus Fleisch und Blut geworden ist, deren Beschreibung sich, was Präzision und Ergriffenheit zeugnisgebender Rede angeht, mit den Darstellungen der Evangelisten vergleichen läßt, dann in den Werken zweier Schriftsteller, Dostojewskis und Kierkegaards, die beide nicht zufällig von dem Gedanken besessen waren, eine Christus-Biographie zu publizieren, und das nicht nur, wie im »Idioten«, wo der arme Fürst Myschkin

als Spiegelbild Jesu erscheint, in verschlüsselter Manier – nicht nur, wie in der »Einübung ins Christentum«, auf essayistische Weise, sondern im unmittelbaren Zugriff der Poesie, unverschlüsselt und im eigenen Namen: »Es wäre vielleicht am richtigsten«, heißt es, sehr nüchtern, im Kopenhagener *Tagebuch*, »einmal ein Buch zu schreiben mit dem Titel: Christi Leben dargestellt von S. Kierkegaard, Johannes de cruce, einem Augenzeugen. Ein Pseudonym ließe sich hier vielleicht nicht einmal so gut gebrauchen.«

Nun, sie ist nicht geschrieben worden, die dänische Umkehrung des Straußschen »Leben Jesu« – sie so wenig wie Dostojewskis Chronik. (Nur Pascal hat sich, als einziger unter den Großen der Literatur, an einer vita des Gekreuzigten versucht – einer Paraphrase, deren Belanglosigkeit Einsicht in die Unmöglichkeit des Unterfangens bezeugt.)

Und trotzdem, mag die Darstellung des Augenzeugen Johannes de cruce nicht existieren und der Plan, der übrigens noch einmal Kierkegaards Inkonsequenz in der Frage »Kann die Kunst verantwortlich von Jesus reden?« beweist (keine Rede, hier, vom Meißel-Wegwerfen und Pinsel-aus-der-Hand-Legen!)... mag, wollte ich sagen, der Plan des Jesus-Buchs Projekt unter Projekten geblieben sein – eingegangen in die Geschichte der Literatur ist der Gekreuzigte Kierkegaards dennoch: Jesus in seiner Niederkeit, der dumme Hans aus Dänemark eine ergreifende Figur, an der, neben Jean Pauls »totem Christus, der vom Weltgebäude herab« redet und dem stummen Zuhörer aus Dostojewskis »Großinquisitor«, jeder literarische Versuch gemessen werden muß, Jesus von Nazareth zu einer fiktiven Person zu machen, die auf einer und derselben Ebene wie Hamlet, Oedipus oder Paulus angesiedelt ist – und Kierkegaards dummer Hans *ist* eine fiktive Figur: ein dem Gespött der Welt ausgelieferter »Möglichkeitsmensch« (im Musilschen Sinn), den ihr Schöpfer aus der Geschichte, die Jesus zu einem Honoratioren und erfolgreichen Mann gemacht hat, herausnehmen und, als »Gleichzeitigen«, in die Gegenwart einreihen möchte – als eine Gestalt, über die nichts Gewisses bekannt ist, eine Risikofigur, die mit

hohem Einsatz spielt und kläglich scheitern mag, einen Karfreitags-Mann, dessen Tod endgültig sein könnte.
Wie, fragt nach Dostojewski auch Kierkegaard, würde sich die Welt verhalten, wenn Christus wiederkäme – und zwar, im Unterschied zur Großinquisitor-Vision, als Unbekannter mit hohem Anspruch und bescheidener Reputation: Jesus, ein Mann, dessen Ärgernis kein wohlbekanntes »Ende gut – alles gut« aufhöbe? Den Niederen ein zweites Mal unter die Spötter, Philosophen und Pharisäer, diesmal in ihren Häusern auf der jütischen Heide, einziehen zu lassen und ihn mit jenen Honoratioren zu konfrontieren, die sich nur deshalb als gute Christen aufführen, weil der mittlerweile Erhöhte dem Erniedrigten Glanz gab und Karfreitag sich über Ostern und Himmelfahrt gemächlich vergessen läßt; den *armen* Jesus Auferstehung feiern zu lassen und dabei zu beobachten, was die Notabeln mit diesem befremdlichen Menschen anfangen würden: *das* war Kierkegaards Ziel, *das*, nach Dostojewski, der zweite Versuch, das Modell »Auferstehung auf die Erde, Einkehr bei der Kirche hinieden« bis in seine letzte Konsequenz zu durchdenken – wobei die Pointe, hier und dort, höchst unterschiedlich gesetzt wird: Empört sich, bei Dostojewski, die Welt, durch die Kirche vertreten, gegen Jesus, weil er für sie der wahrhaftig Auferstandene und Heimgekehrte ist, so wendet sich die gleiche Welt, bei Kierkegaard, von Jesus ab, weil sie *den* nicht anzuerkennen vermag, der, uneins mit ihr, auf keine historischen Meriten verweisen kann: »Also wollen wir über ihn reden«, heißt es in der »Einübung ins Christentum«, »wie gleichzeitig Lebende über einen gleichzeitig Lebenden reden. Ich weiß wohl, was ich tue; und glaub es mir nur, die angelernte, abgerichtete, dusselige weltgeschichtliche Gewohnheit, kraft deren man ständig so mit einer gewissen Ehrerbietung von Christus redet, da man ja aus der Geschichte soso zu wissen bekommen hat und soviel soso darüber gehört, daß er etwa soso gewesen sein soll, so ein großes Etwas – diese Ehrerbietung ist keinen sauren Hering wert, sie ist Gedankenlosigkeit, Scheinheiligkeit, und insofern Gotteslästerung; denn es ist Gotteslästerung, gedanken-

lose Ehrerbietung zu haben für den, an den man glauben soll ...«

Dann lieber der Ärger! Dann lieber die Wut über die kecke Sprache eines bürgerlichen Nichts, das entweder Zorn provoziert, weil einer sich anmaßt, Gottes Kind zu sein, oder Empörung darüber erregt, daß ein Gott-Mensch zu so einer läppischen Dürftigkeit erniedrigt sein sollte.

Unter diesen Aspekten lautet das Fazit, das Kierkegaard, wiewohl von ihm nicht autorisiert, *mutatis mutandis* auch in Dostojewskis Namen zieht: »Die Christenheit hat das Christentum abgeschafft« – beziehungsweise der Großinquisitor den Gekreuzigten –, »folglich muß man, wenn man etwas ausrichten will, versuchen, das Christentum wieder in die Christenheit einzuführen.«

Sören Kierkegaard, der Verächter und Verteidiger, Ankläger und Kronanwalt religiöser Literatur – ein Schriftsteller, der, den vermeintlich wahren Christen »Anti-Climacus« widerlegend und den ästhetischen Spekulanten Climacus bestätigend, den Jesus der Evangelisten in das Jahrhundert der Mynster und Martensen heimgeholt hat: er, unser Cicerone, ist – bis heute – *der* Literat, der das Problem »Literatur und Theologie« als Praktiker und Theoretiker am exaktesten analysiert hat; mit ihm, vor allen anderen, haben sich Literatur- und Religionswissenschaft auseinanderzusetzen, wenn es darum geht, Dialoge zu führen, die, in Kierkegaards Spuren, freilich immer nur zu einer *concordia discors*, niemals zu dissonanzloser Übereinstimmung in jedem Punkt führen werden. Dafür bürgt schon die Furcht auf seiten der um ihre Autonomie besorgten Kunst, von einer Theologie usurpiert zu werden, die dort Antworten weiß, wo die Literatur bestenfalls Fragen aufwirft: Fragen, wie Sören Kierkegaard sie gestellt hat – problematische Fragen bisweilen (auch dies will gesagt sein)–, Fragen, die den vergeblich um eine dialektische Aufhebung des Spannungsverhältnisses von Kunst und Religion bemühten »Extraordinarius in christlicher Mission« hier gnostisch-manichäistische Spekulationen entwickeln (Christus und die verdorbene Welt), da exzentrische Verzeichnungen riskieren

(Weihnachten, Ostern, Himmelfahrt: für Kierkegaard ein Nichts gegen den *einen* Karfreitag) und dort, in Sachen Kunst, befremdliche Fehlurteile fällen ließen – Literatur, hieß es, sei nicht in der Lage, Zeugnis zu geben: als ob nicht eben dies, von Kierkegaard bis zur Widerstandspoesie unter modernen Diktaturen, die eigentliche, von den Mächtigen zu Recht gefürchtete Stärke der Dichtung sei!

Und trotzdem: *hommage* an Kierkegaard, unseren Wegführer, der, als reflexionsmächtiger Archipoet der religiösen Literatur, nahezu sämtliche Fragen vorformuliert hat, die auch – immer noch! – die unseren sind.

Wie weit er voraus war, Sören Kierkegaard, das beweisen, exemplarisch, Verlautbarungen kirchlicher Kreise, die, anno 1984 formuliert, im himmlischen Kopenhagen ein markerschütterndes Gelächter hervorrufen würden: In seiner Attakke gegen den »kritisch alles hinterfragenden Verstand« als dem (von ihm ausgemachten) Zentrum der modernen Kunst forderte am Aschermittwoch dieses Jahres Joseph Kardinal Höffner die Artisten auf, endlich wieder das »Erhebende und Beglückende« zu beschreiben und, statt sich dem »Pessimistischen, Dunklen und Kernlosen« zuzuwenden, das »Ganze, Umfassende und Geordnete« darzustellen: »Drängt die Kunst«, so Höffner, »sich nicht selbst an den Rand, wird sie nicht zum Wirrwarr kernloser Schalen, wenn sie sich... im Ausmalen des Dunkeln erschöpft, statt dem Menschen die letzten Fragen nach dem Sinn des Ganzen deuten zu helfen?« Als ob es, bei Kierkegaard und Climacus und Anti-Climacus, eine religiöse Kunst geben könne, die *kein* Ärgernis sei; als ob das unselige Verlangen unterschiedlicher Zentralkomitees nach dem Ganzen und Umfassenden, dem Geordneten und Beglückenden nicht längst durch eine postkierkegaardianische Literatur ad absurdum geführt worden sei, deren Vertreter, inmitten der »Ja«-Sager aller Couleur, die sokratische Würde des »Nein«, des »So nicht« und »Anders wär's besser« bewahrten: Poeten allesamt, die das Metier Kassandras, der Warnerin in letzter Stunde, für ehrenhafter als die Tätigkeit der Rühmer und Preiser vermeintlich geordneter Totalitäten

halten: im Zeichen des drohenden weltweiten Holocaust ganz gewiß ehrenwerter!
Hüben die seelsorgerlich argumentierende Amtskirche, die allzuoft noch im Sinne des Rundschreibens Pius XII., »Mediator dei et hominum« vom November 1947, argumentiert (»Die schönen Künste stehen erst dann im Einklang mit der Religion, wenn sie wie vornehme Mägde in den Dienst des göttlichen Kultus treten«) und drüben die Literatur, die, auf ihre Autonomie pochend und sich jeder Fremdbestimmung mit Entschiedenheit widersetzend, auch – und gerade! – in der Beschwörung des »Anderen«, »Fremden« und »Dunklen«, einen Beitrag zur Humanisierung der Fratzenhaftes hinter schönem Schein verbergenden Welt leistet: verordnete Theologie und unbotmäßige Kunst – eine Kunst, die, in Kants Sinn, der Religion (sofern sie für sie von Belang ist) nicht die Schleppe nach-, sondern die Fackel voraussträgt: Viel Übereinstimmendes scheint es da, zumindest auf den ersten Blick, nicht zu geben... *wie* wenig, das zeigt, exemplarisch, die Tatsache, daß der von den Theologen apostrophierte Christus, der da, nach spätantiker Formel, *vere deus et vere homo* sei, ebensowenig Eingang in den Raum der Poesie und bildenden Kunst gefunden hat wie jenes Idealbild einer Kirche, die zugleich *ecclesia triumphans*, Gemeinschaft der Heiligen, Geretteten, Gläubigen für alle Ewigkeit, wie *ecclesia sub cruce* sei. Paul Claudel in allen Ehren; aber er stünde, allein für sich, auf vereinsamtem (wiewohl hohen Respekts werten) Posten, wenn die Poeten, Bildhauer und Maler, versammelt zu einem gewaltigen imaginären Konzil, das alle großen Künstler einlüde, die seit der Mitte des letzten Jahrhunderts gearbeitet haben... wenn die Artisten, beginnend mit Kierkegaard und endend mit den noch Lebenden, aus ihren Schriften über den Nazarener und seine Kirche vorläsen: Welch ein Spektakel wäre das, wenn der Autor des »Idioten« seinen Fürsten Myschkin die im Tonfall äußerster Erregung gesprochene Invektive gegen die katholische Kirche vortragen ließe: »Der römische Katholizismus ist schlimmer als der Atheismus; das ist meine Meinung! Ja! Das ist meine Meinung! Der Atheis-

mus predigt nur die Negation, der Katholizismus aber geht darüber hinaus: er verkündet einen entstellten Christus, einen von ihm selbst verleumdeten und entweihten, einen entgegengesetzten Christus! Er predigt den Antichrist, das schwöre ich Ihnen, seien Sie überzeugt, daß es so ist... Der römische Katholizismus glaubt, daß die Kirche ohne staatliche Weltmacht hier auf Erden nicht werde bestehen können, und schreit: Non possumus! Meiner Ansicht nach ist der römische Katholizismus nicht einmal ein Glaube, sondern nichts weiter als die Fortsetzung des römischen Reichsgedankens, und diesem Gedanken hat sich alles in ihm unterzuordnen, vom Glauben angefangen. Der Papst hat sich der Erde, des irdischen Thrones, bemächtigt und hat das Schwert ergriffen; seitdem geht alles so weiter, nur daß sie zum Schwert noch Lüge, Hinterlist, Betrug, Fanatismus, Aberglauben und Verbrechen hinzugefügt haben... und alles, alles haben sie gegen Geld eingetauscht, gegen banale weltliche Macht. Und das sollte nicht die Lehre des Antichrist sein?«

Ja, so würde er (durch Fürst Myschkins Mund) reden, Dostojewski, bestrebt, Rußlands Jesus vor einer Indienstnahme durch weltlich-westliche Machtinteressen zu verteidigen – und kaum hätte er geendet, dann stünde auch schon Kierkegaard auf und haute, auf dänisch, in die gleiche Kerbe wie sein Vorredner aus Rußland – nur daß es diesmal, wiederum in Jesu Namen, um eine Attacke gegen die *evangelische* Staatskirche ginge und der Gegensatz »wahre Kirche des Ostens contra Teufelsgemeinschaft des Westens« sich durch die Antithese »Christentum gegen Christenheit« variiert sähe – ansonsten: der gleiche Tonfall! (»Der Staat bestellt landesväterlich tausend examinierte evangelische Beamte – und das Christentum kommt um im Geschwätz.«)

Einer nach dem anderen würde auftreten, im Verlauf des großen Konzils, und eine Kirche anklagen – utriusque confessionis –, in der allein noch der outcast, der Schnapspriester oder der befremdliche Herr Landpfarrer, der Häretiker oder der Clown verläßlich für jenen »Bruder Jesus« Zeugnis ablegten, den Erniedrigten unter dem Kreuz, der, in bewegender

Ausschließlichkeit, Literatur und Kunst der Neuzeit beherrscht: Jesus ohne Kopf, Jesus mit der Gasmaske vor dem Gesicht; Jesus, der den Stahlhelm hat tragen müssen und, wie ein totes Kind, im Schoß Mariens ruht; Jesus, inmitten der Juden von Auschwitz; Jesus, hingerichtet wegen Anstiftung zum Frieden; Jesus in der Nacht von Bethlehem, die auf die Nacht von Golgatha verweist: Nicht unter den Himmeln, sondern unten, beim Kreuz und Fleisch, setzt, in Kierkegaards Weise, eine Literatur an, die Poesie der Moderne, der es darum zu tun ist, den historischen Jesus wieder ins Blickfeld zu rücken und ihn, den Leidenden, mit einer Welt zu konfrontieren, für die, nach Auschwitz, der Pantokrator zum Anachronismus geworden ist (undarstellbar deshalb auch von der Kunst), während der Bruder im Leid, der *Christus patiens*, den Betroffenen zu immer neuer Variation der Thesen Dietrich Bonhoeffers provoziert, die da lauten: »Gott läßt sich aus der Welt herausdrängen ans Kreuz, Gott ist ohnmächtig und schwach in der Welt... und nur so ist er bei uns und hilft uns. Es ist... ganz deutlich, daß Christus nicht hilft kraft seiner Allmacht, sondern kraft seiner Schwachheit. Hier liegt der entscheidende Unterschied zu allen Religionen. Die Religiosität des Menschen weist ihn in seiner Not an die Macht Gottes in der Welt, Gott ist der deus ex machina. Die Bibel weist den Menschen an die Ohnmacht und das Leiden Gottes; nur der leidende Gott kann helfen. Insofern kann man sagen, daß die... Entwicklung zur Mündigkeit der Welt, durch die mit einer falschen Gottesvorstellung aufgeräumt wird, den Blick freimacht für den Gott der Bibel, der durch seine Ohnmacht in der Welt Macht und Raum gewinnt. Hier wird... die weltliche Interpretation einzusetzen haben«: Sätze, geschrieben am 16. Juli 1944 in der Haftanstalt: antizipiert von der großen jesuphorischen Literatur des neunzehnten Jahrhunderts und bestätigt durch die Dichtung unserer Tage, in der, anders als in den kosmischen Religionsvisionen der Romantik, strikteste Beschränkung aufs Verbürgte, Erfahrbare und darum in verläßlicher Weise zu Transponierende als Kunstgebot gilt: Golgatha, das Kreuz, ein Sterben, das nicht Sühneopfer, geschweige denn Satisfaktion des entzürnten Gottes, sondern Leiden ist, das Ferne nah sein läßt, Identifizierung und damit Dialoge zwischen den Vielen und jenem Einen ermöglicht, der die Ohnmacht der Ohnmächtigen teilt, mit dem sich rechten läßt, weil er, im Hier und Jetzt, in der Welt ist: nicht in einen Kultraum gebannt – also nicht vor Gott, sondern unter den Menschen Zeugnis ablegend und derart zur Kommunion in einer zeitübergreifenden Leidensgemeinschaft einladend – einer Gemeinschaft, die, stellvertretend für viele, von einem Schriftsteller, Paul Celan, beschrieben worden ist, dessen Dichtung, aus dem Abstand betrachtet, den Charakter einer in gleichnishafter Rede vorweggenommenen und bis heute ungeschriebenen Theologie nach Auschwitz besitzt.

Nah sind wir, Herr,
nahe und greifbar.

Gegriffen schon, Herr,
ineinander verkrallt, als wär
der Leib eines jeden von uns
dein Leib, Herr.

Bete, Herr,
bete zu uns,
wir sind nah.

Windschief gingen wir hin,
gingen wir hin, uns zu bücken
nach Mulde und Maar.

Zur Tränke gingen wir, Herr.

Es war Blut, es war,
was du vergossen, Herr.

Es glänzte.

Es warf uns dein Bild in die Augen, Herr.
Augen und Mund stehn so offen und leer, Herr.
Wir haben getrunken, Herr.
Das Blut und das Bild, das im Blut war, Herr.

Bete, Herr.
Wir sind nah.

Tenebrae heißt das Gedicht: Dunkelheit, Todesnacht, liturgischer Gesang in der Karwoche; aber es könnte genausogut *Kommunion* heißen: Kommunion unter Todgeweihten, dem als Herrn angesprochenen Gekreuzigten und den ineinander Verkrallten, nacheinander in der Todesstunde Greifenden, deren Leiber sich in den Massengräbern mit dem Leib Christi vereinen.
Kommunion, das heißt: Der Angebetete wird zum Beter, der Todesort zur Stätte, wo einer, um Abschied zu nehmen, Abendmahl feiert; das Blut wird zum Leidensblut, das die mit dem Gekreuzigten im Sterben Vereinten trinken; das Doppelbild der Todgeweihten, mit den weit geöffneten Augen und dem aufgesperrten Mund, wird zum Symbol einer Welt, in der die Tränke sich in ein Totenmaar, eine riesige blutige Mulde, verwandelt hat.
Tenebrae: Anruf von Menschen, die auf der Flucht, dem Verderben schon anheimgegeben (»windschief gingen wir hin«: *hin*gehen im doppelten Wortsinn), dem Tod in die Arme liefen – der Erschießung im ausgeworfenen Grab, dem blutigen Tod an einem Ort, der Auschwitz und Golgatha, Majdanek und Jerusalem in eins ist: wo gefoltert und das Abendmahl ausgeteilt, gestorben und Kommunion gefeiert wird.
»Leib«, »Herr«, »beten«, »Tränke«, »Blut«, »vergossen«: biblische Chiffren, scheinbar petrifizierte Formeln der Leidensgeschichte vor allem, erhalten, in kongruente Geschehnisse übertragen und derart verfremdet, neue Plastizität. Das um und um Gewendete, in dogmatischer Rede Nachgebetete, zu einer Begrifflichkeit Heruntergekommene, die

nur noch auf sich selber weist... all das gewinnt plötzlich Bannkraft und Magie einer vielfältige Bezüge aufdeckenden Sprache – einer neuen religiösen Verlautbarung als Ausdruck einer Theologie, die Gott und Mensch, im Dialog derer, die füreinander da und aufeinander angewiesen sind, als im Leiden Gleichberechtigte gemeinsam kommunizieren läßt.

Die vielbeschworene weltliche Rede von Gott: *so*, im Idealfall, könnte sie aussehen – so eine Diktion, in der Priesterliches und Dichterisches sich miteinander verbinden und derart Umrisse einer religiös durchtränkten, aber gleichwohl ganz und gar diesseitigen Sprache erscheinen, wie sie Karl Rahner vorgeschwebt haben mag, als er in seinem Essay »Priester und Dichter« einen Poeten herbeisehnte, der eines Tages »das erlöse«, was »die letzte Gefangenschaft aller Wirklichkeiten« ausmache, die »nicht ausgesagt« seien: »die Stummheit ihrer Verwiesenheit auf Gott«.

Und trotzdem, zu früh frohlocken sollte sie nicht, die Theologie, Literatur vom Range des Celanschen »Tenebrae«-Gedicht vereinnahmen schon gar nicht – im Gegenteil, es stünde ihr besser an, die religiöse Poesie, Essayistik, bildende Kunst eher mit Reserve und Abstand wahrender Skepsis als mit einem vorschnellen »nihil obstat« zu verfolgen: Die Formel *vere homo vere deus*, das will noch einmal mit Nachdruck betont sein, bleibt Theologen-Dogma, das in der Literatur bis heute nicht realisiert worden ist.

Gewiß, da gibt es ein Ostergedicht von Johannes Bobrowski: Evokation der Auferstehung, in deren Zeichen sich Nacht in Tag, Finsternis in wirbelnde Helle verwandelt: »...Glocken, Schläge, der Stimmen Hahnengeschrei und Umarmung der Lüfte, schallender Lüfte, auf weißer Mauer Türme, die hohen Türme des Lichts, ich hab deine Augen, ich hab deine Wange, ich hab deinen Mund, es ist erstanden der Herr, so ruft, Augen, ruft, Wange, ruf, Mund, ruf Hosianna.«

Gewiß, da gibt es dieses *eine* österliche Jubellied, in dem die Leidens- sich in der Erlösungskommunion aufhebt, aber der

Hymnus auf den österlichen Austausch unter aller Kreatur, aufs Grenzen und Trennungen sprengende Geschehen im Zeichen des *resurrexit est:* Er bleibt die Ausnahme, die die Regel bestätigt: schon deshalb, weil Bobrowski nicht in direkter Ansprache den Erlöser selbst, sondern, indirekt und vermittelt, die erlöste Schöpfung darstellt.

vere homo – und dahinter ein Ausrufezeichen. *vere deus* – von einem Fragezeichen gefolgt: weiter ist Literatur bis zum heutigen Tag nicht gegangen, aus gutem Grund – und ich zweifle daran, ob sie, ohne ihre Autonomie aufzugeben und versifizierte Predigt oder literarische Verkündigung zu werden, jemals weitergehen darf.

Predigen ist eins – dies hat einer, der beide Seiten kennt, der Pfarrer und Schriftsteller Kurt Marti, in einem Essay über die Opposition von Verkündigung und poetischer Benennung gezeigt –, Dichten ein anderes: Poesie ist weder kerygmatische Benennung noch artistisch transponierte Heilslehre, der Dichter kein »Schrittmacher der Gnade« oder wortgewaltiger »Hüter des Sakraments«. Er ist ein Handwerker, der allzu kühnen Selbstbezeichnungen romantischer Herkunft endgültig Valet gesagt hat. Eine ars poetica, die, in Schellings Sinn, *Urbilder* des Geistes sichtbar macht, eine Literatur, der Offenbarungscharakter zukommt, eine Kunst, die, so Wilhelm von Humboldt, als »das am meisten angenommene Symbol der Gottheit« zu gelten hat – eine solche Kunst und Literatur, die ihren Schöpfer einen Ersatz-Priester und Magier in der Schreibstube sein läßt (einen inspirierten Orpheus, der einer aus dem Kirchenraum geflohenen Gemeinde in feierlich-strenger Benennung des Numinosen die höheren Weihen zuteilt): eine solche Vorstellung war bereits obsolet – in der Literatur um die Mitte des 19. Jahrhunderts ein für allemal ad absurdum geführt –, als Stefan George sie in einem gewaltsam durchgesetzten *rinascimento* noch einmal zu beleben versuchte.

Der Dichter als *vates* und Priester aus eigener Vollmacht: Das war ein kurzer Traum, und nicht einmal ein schöner – war Kompensation von Glaubensverlust und Sinnleere in säkula-

risierter Zeit. Nein, ein Quasi-Priester, der um das »Ganze« und »Geordnete« weiß, ist der Schriftsteller heute so wenig, wie er ein Ministrant ist – ein Ministrant, der an der Stelle des verstummten Priesters das Predigtamt übernimmt.
Der Poet, dem es darum zu tun ist, in Kierkegaards Sinn das Leben eines »ernsten Christen« zu führen, muß, im Gegenteil, Tag für Tag, schmerzlich erfahren, wie wenig von dem, was er glaubt, in dogmatischer Stimmigkeit zu »literarisieren« ist: in wie bescheidenem Maße gerade Zentraldefinitionen der Kirche, einerlei, ob es sich um die chalkedonische Formel oder die confessio Augustana handelt, mit Hilfe der poetischen Sprache nachzeichenbar sind.
Gut, der Schriftsteller kann, wie wir sahen, inständiger als alle Dogmatiken, Predigten, Theologien zusammen, den Menschen Jesus Christus beschreiben, seine Angst, Verzweiflung, Hoffnung, Schuld, den Weg zum Kreuz und das einsame Sterben. Den Kierkegaardschen Karfreitagsmann, Camus' »Heiland auf dem Dachboden«, den Armen unter den Armen, kann er beschwören, und er kann, da Jesus sich, zumindest in der Literatur, allzu direkter, weil indezenter Darstellung von Größe, Alter, Gesicht und Lebensgewohnheit verweigert, durch Korrelate denjenigen zitieren, der Vorspiegelung und Vertrautheit verbietet: Er kann also Jesus – glaubhafter und künstlerisch überzeugender als durch intime Annäherung – in einem Clown, einem Zwergen, einem verkommenen Sakramentsverwalter, einem armen Papst oder einem Natursymbol spiegeln. Es verriet – ein Beispiel aus der bildenden Kunst – ebensoviel artistischen Sachverstand wie religiösen Takt, als Vincent van Gogh – bestrebt, Jesus zu malen, wie er Lazarus erweckte – keine Figur, sondern... die Sonne malte – van Gogh, der, genauer als viele Schriftsteller, wußte, daß das Mysterium am ehesten von der Peripherie her, mit Hilfe objektiver Korrelate und Bild-Elemente, die aufs Zentrum verweisen, indem sie es aussparen, künstlerisch gebannt werden kann: »Wenn ich hierbleibe«, Brief an Bruder Theo, »werde ich nicht versuchen, einen Christus im Olivengarten zu malen; vielmehr die Olivenernte, so wie man sie

noch sieht, und wenn ich darin die wahren Verhältnisse der Gestalt auffinde, so kann man an jenes denken.« Das sind Schlüsselsätze aus einem geheimen Lehrbuch der religiösen Kunst – zitiert übrigens in der Einleitung zum Band »Christus in der Kunst des zwanzigsten Jahrhunderts« von Günter Rombold und Horst Schwebel, das neben Karl-Josef Kuschels Lesebuch »Der andere Jesus« Anschauungsunterricht gibt, wie kongruent die Christus-Darstellungen in Literatur, Malerei und Plastik heute sind: Immer wieder der *Jesus patiens*, immer wieder der Geschundene im Gespräch mit jenen – den Kindern, den in den Tod getriebenen Soldaten, den Juden –, die wie er zu den Erniedrigten und Beleidigten zählen.

Der *Auferstandene* aber: Jesus in der Glorie, sitzend zur Rechten des Vaters, *er* bleibt ausgespart oder – Beispiel: Ein Pantokrator von Graham Sutherland – wird, in akademisch-epigonaler Darstellungsweise, verfehlt. Der halbherzige Tribut, in Form einer routinierten Wiederholung überkommener Muster, zeigt an, daß heute allenfalls ein kleiner, kaum wahrnehmbarer, nur durch sparsamste Zeichen angedeuteter Schimmer, ein Nebensatz oder ein geheimes, sorgfältig verschlüsseltes Symbol, Jesu »Anderssein« gegenüber den Mitleidenden, Mithoffenden in den Blick rücken kann – eine blitzartig aufleuchtende Evokation, daß dem, der nicht in der Glorie, sondern an den Rändern des Humanen erscheint, in Wahrheit das Zentrum gebühre – ein Zentrum, in das ihn hineinzustellen für den Künstler bedeuten würde, den, der als total präsent dargestellt werden will, ins Gefängnis des ihm traditionell zustehenden Kultraums zu sperren.

Denke bei dem, was man noch sieht, an jenes: Das van Goghsche Axiom will sagen: Nur vom Rand aus, von der Welt her, vom Sichtbar-Profanen, dem Alltäglichen des Hier und Jetzt, nur vom Natürlichen der Wirklichkeit, vom Relativen und Wandelbaren, nur vom Endlichen aus kann, durch die Vermittlung der Kunst, aufs – vielleicht – Unendliche, nur vom Vorläufigen aufs Definitive, vom Besonderen auf jenes Absolute verwiesen werden, das sich im Partikulären manifestiert. Aber selbst diese Definition – das Unendliche wird durch das

Endliche nach der *analogia crucis* vermittelt: in den Blick rückt eine Welt, deren Signifikanz für den Christen in der Erkenntnis liegt, daß sie gewürdigt wurde, einmal und damit unwiderrufbar auf den Erniedrigten verpflichtet worden zu sein ... selbst diese Definition wird einer Literatur nicht gerecht, die sich an das zu halten hat, *was man noch sieht*, und die vom Endlichen ausgehen muß, um durch dessen konsequente radikal-profane Darstellung zu zeigen: Dies ist – vielleicht – nicht alles; dies evoziert jenes Andere und Absolute, das in gleicher Weise vom Relativen aus in Frage gestellt wird, wie sich das Relative im Hinblick auf ein mögliches Absolutes gezwungen sieht, seine Defizienz zu enthüllen.

Spekulationen? Vielleicht. Aber gewiß nicht nur Spekulationen – vielmehr ein abstraktes Umschreiben der These, daß jeder, der sich heute mit dem Problem »Literatur und Theologie« beschäftigt, von dem Grundaxiom ausgehen muß, daß Literatur auf die Welt angewiesen bleibt, in der das Kreuz steht. Aussagen über ein nicht realitätsvermitteltes, sondern durch den Glauben gesetztes Absolutes hingegen sind ihr versagt: Gott ist für sie so wenig darstellbar wie die Trinität. Mögen »Kreuz« und »Fleisch« vom Poeten, der »unten« seine Werkstatt aufgeschlagen hat und nicht im Wolkenkuckucksheim unter den Himmeln ... mögen »Kreuz« und »Fleisch« durch verweisende Symbole – *Tenebrae:* dort ist es gelungen – in realitätserhellende Zeichen transsubstantiiert werden können: Gott bleibt undarstellbar – das gilt für die bildende Kunst, die, dem Mann mit dem Bart Valet sagend, zu ihrem elfhundert Jahre gültigen Verzicht, Gottvater darzustellen, zurückgekehrt ist (zum Vorteil der Theologie und der Kunst in gleicher Weise) – und das gilt auch für die Literatur, die mit dialektischer Theologie zuallerletzt etwas gemein hat: Nichts mit dem »Ansatz von oben«, nichts mit der Inthronisation des Calvin-Satzes »finitum non capax infiniti« (das Endliche faßt das Unendliche nicht: eine Todeserklärung für alle Künste!), nichts mit der Beschwörung des Unableitbaren jenseits aller Geschichte, nichts mit dem Beginn beim Letzten (während Literatur sich allenfalls ans Vorletzte hält), nichts mit der

grandiosen Beschwörung des Absoluten und der Ablehnung aller Vermittlungen, nichts mit dem Ruf »Von Ewigkeit zu Ewigkeit. Amen«. Nein, mit alledem hat Poesie in der Tat nicht das Geringste gemein: Sie kann allenfalls staunen, mit welcher Selbstgewißheit der Narrator Karl Barth in stupender Anhäufung schier nicht enden wollender Antithesen (Gott ist – Gott ist aber auch) dem Schriftsteller ins Handwerk pfuscht: »Gott ist schön. Wir können nicht verkennen, daß Gott in der Weise herrlich ist, daß er Freude ausstrahlt und daß er also Alles, was er ist, nicht ohne Schönheit ist.« In der Tat, da kann ein schlichter Dichtersmann (und eine Dichterin erst recht) nur fragen: »Teufel auch, Barth! Woher wissen Sie das: Gott ist schön?«
Könnte es nicht am Ende sein, daß die von seiten einer »aktiven, kombattanten, scharf geladenen, nicht ästhetischen... Religion« in Frage gestellte Kultur, die Ästhetik voran, sich, da sie von der Erde vertrieben wurde: verketzert und als humanistisches Larifari apostrophiert, unter den Himmeln neu einrichten muß? Ist es, fragen wir, wirklich ein Zufall, daß gerade Karl Barth mit der Kunst, die er zugleich mißachtet und okkupiert, beim besten Willen nicht recht ins reine kommt: daß er hier lutherisch poltert (»Rilke«, heißt es in der *Kirchlichen Dogmatik*, »hat ähnliche fromme Unverschämtheiten auf dem Gewissen wie Angelus Silesius«), während er da ins sentimentale Schwärmen gerät? »Wie es mit der Musik dort steht, wo Sie sich jetzt befinden«, heißt es in einem imaginären Schreiben an Mozart, »ahne ich nur in Umrissen. Ich habe die Vermutung, die ich in dieser Hinsicht hege, einmal auf die Formel gebracht: ich sei nicht schlechthin sicher, ob die Engel, wenn sie im Lobe Gottes begriffen sind, gerade Bach spielen – ich sei aber sicher, daß sie, wenn sie unter sich sind, Mozart spielen und daß ihnen dann doch auch der liebe Gott besonders gern zuhört.«
Das, denke ich, so humorig es auch gemeint sein mag, hat der Komponist des Don Giovanni denn doch nicht verdient; *das* zeigt mit gebotener Deutlichkeit an, wie unermeßlich groß die Kluft zwischen der Kunst und einer Theologie ist, die in der

tung eingestellten Gesellschaft, Verzicht, Entsagung und Sich-Bescheiden.
»Der Handelnde«, hat anno 1957 ein alter Mann an einen anderen geschrieben, der noch älter war als er, »... ist immer zugleich der unsäglich Leidende. Seelen zu bewegen kostet immer mehr von der eigenen Lebenssubstanz als Raketen in die Welt zu schicken.« Eduard Spranger in Tübingen an Albert Schweitzer in Lambarene: Da wird, in brüderlichem Dialog, ein Mann gegrüßt, der sein Leben auf die *praxis pietatis* abgestellt hatte – unfähig, sich – so seine Worte – »der Last von Weh«, die auf der Welt liegt, zu entziehen, und da grüßt einer, Eduard Spranger, dessen Alterswerk immer wieder um *ein* Problem kreist: die Erziehung zur Liebe – eine Pädagogik, die, wie es im Konzept des 1951 gehaltenen Vortrags »Erziehungsethik« heißt, das *Wegschmelzen* jenes Selbstsinns zu befördern habe, der eine Welt – die unsere! – bestimme, in der »verfeinerter Egoismus« und »Interessensarrangement« die Stunde regierten – eine Welt, in der es nur noch Inseln der Liebe gäbe, »aber diese sind es, in denen der Ausgestoßene, der Gescheiterte, der Heimatlose, der Sterbende allein eine Heimat findet«. Eines alten Mannes Paraphrase des Samaritergleichnisses: »Alle Erziehung gedeiht nur in einem Element der Liebe.« Da wird, in einer deutschen Gelehrtenstube, der große Traum des Martin Luther King antizipiert. »Der lieblose Erzieher kann nicht zur Menschenliebe erziehen.« Ich denke, die Schule, wie sie hier und heute ist, wird sich vor diesem – Lukas so gut wie Lessing verpflichteten! – Satz Eduard Sprangers zu verantworten haben, so wie sich eine immer noch auf Waffen setzende, ihrem jesuanischen Liebesauftrag gegenüber ungehorsame Kirche vor Albert Schweitzers, des Samariters aus Lambarene, Friedensthesen zu verantworten hat – »Friede oder Atomkrieg«: ein beschwörender Appell an die Regierungen in aller Welt, einmal, in letzter Stunde, den Willen der Völker zu respektieren und, fügen wir hinzu, dem gotteslästerlichen Drohen mit Atombomben ein Ende zu machen: »Gleichgewicht des Schreckens« ist keine Samariter-Losung, sondern deren Negation!

Und, dies zuletzt und zuerst, wir alle haben uns zu verantworten vor einem Text, der uns das Schwerste zumutet, was einem Menschen überhaupt zugemutet werden kann: jedermann zu jeder Zeit der Nächste zu sein. »Ich bin jedem sein Nächster«, schließt Johann Peter Hebel seine Nacherzählung des Samaritergleichnisses ab – für Kinder, für den Gebrauch in der Schule geschrieben! –, »und jeder ist mein Nächster, den ich mit meiner Liebe erreichen kann, jeder, den Gott zu mir führet, daß ich ihn erfreuen oder trösten, daß ich ihm raten oder helfen kann, auch wenn er nicht meines Volkes oder meines Glaubens wäre. Tue das, so wirst du leben!«

Die Predigt weiß sich vor allen anderen folgenden Studien in besonderer Weise verpflichtet:

Helmut *Gollwitzer*, Das Gleichnis vom Barmherzigen Samariter. Neunkirchen 1962

Ders., Sinngebung durch den Bedürftigen. In: Krummes Holz – aufrechter Gang. Zur Frage nach dem Sinn des Lebens, München 1973, S. 320–322

Hans Gunther *Klemm*, Das Gleichnis vom Barmherzigen Samariter. Grundzüge der Auslegung im 16./17. Jahrhundert. Stuttgart/Berlin/Köln/Mainz 1973

Werner *Monselewski*, Der Barmherzige Samariter. Eine auslegungsgeschichtliche Untersuchung zu Lukas 10, 25–37. Tübingen 1967

Martin Luther

Prediger, Poet und Publizist

»Ich kenne einen Menschen, der versichert hat, er habe die Strafen (der Hölle) mehr als einmal erlitten; sie hätten zwar nur sehr kurze Zeit gedauert, wären aber so schwer und so höllisch gewesen, daß ihre Gewalt keine Zunge aussprechen und keine Feder beschreiben könne... Wenn sie ihren höchsten Grad erreichen, ja nur den zehnten Teil einer Stunde anhalten würden, so müßte er gänzlich zugrunde gehen und alle seine Gebeine würden in Asche verwandelt... In solchem Augenblick kann die Seele nicht glauben, daß sie jemals erlöst werden könne... weit ausgespannt ist sie mit Christus, so daß man gleichsam alle ihre Gebeine zählen kann, und es ist kein Winkel in ihr, der nicht mit der bittersten Bitterkeit, mit Schrecken, Zittern und Traurigkeit angefüllt wäre, und alle von ewiger Dauer«: Der Augustinermönch Martin Luther, der 1518, in seinem Traktat »Resolutionen oder Erklärung der Thesen von der Kraft der Ablässe«, das innerliche Höllenfeuer, das weit schrecklicher als jedes äußerliche sei, für unbeschreibbar erklärt, urteilt zu bescheiden über die ihm eigene Gabe der Vergegenwärtigung von höllischem Elend und ewiger Qual – *viel* zu bescheiden. Wenn es, nach Augustin und Dante, einem Schriftsteller gelungen ist, Verdammnis und Erlösungsbedürftigkeit des Menschen, die Situation an der Grenzscheide von Gericht und Befreiung, Todesurteil und Losspruch sichtbar zu machen, dann ist es Martin Luther gewesen.

»Ich kenne einen Menschen«: Mit diesen, dem zweiten Korinther-Brief entnommenen Worten bringt der Schreiber, distanziert und ichbezogen zugleich, ein Subjekt ins Spiel, dessen Leidenserfahrungen, Schmerzen, Versuchungen, Irrwege, Hoffnungen, Zweifel und endliche Gewißheiten er in immer neuen Anläufen, anfangs in verzagter Rede, später gelassener (wenngleich niemals unbedroht) artikuliert hat. Einerlei, ob er biblische Texte auslegte, Flugschriften schrieb oder im Disput mit großen und kleinen Kontrahenten Grundsatzfragen erörterte: Martin Luther hat sich nie gescheut, von sich, seinen Ängsten und Anfechtungen zu reden: »Ich selbst«, läßt er Erasmus in der Schrift »Vom unfreien Willen« wissen, »bin mehr als einmal bis in die Tiefe und in den Abgrund der Verzweiflung hinabgestoßen worden, so daß ich wünschte, ich wäre nie als Mensch erschaffen worden, solange ich nicht wußte, wie heilsam und wie nahe der Verzweiflung solche Gnade ist.«

Mit einer Inständigkeit, die in der Literatur ohne Beispiel ist, hat Luther die Seelenlage eines Menschen veranschaulicht – seine eigene! –, der Tod, Fegefeuer und Jüngstes Gericht im Hier und Jetzt durchlebt, das große Sterben, »was über die ganze Welt kommen wird«, beispielhaft vorwegnimmt und Zeugnis von jenen »harten Stößen« und »Püffen« gegen das Herz gibt, deren zermalmende Kraft er auf den Begriff bringt, indem er die Gedächtnis-Höhle Augustins mit ihren Gängen, Kammern und Nischen in eine Gewissens-Höhle verwandelt: ein inneres Inferno, in dem der Teufel den Hauptpart spielt, der »höllische Kaiser« und »Gott dieser Welt«, mit dem Luther sein lebenslanges Zwiegespräch führte.

Niemanden – weder Christus noch den Papst oder Frau Käthe – hat man zu Wittenberg so wort- und bildreich wie den Teufel beschrieben: den Herrn und Meister der Lutherschen Nachtkriege, den Disputator, der die witzigen Paradoxien ans Herz und die Nüsse an die Zimmerdecke schnellen läßt, den Gesell, der in der Regenrinne, unterm Tisch und – sein liebster Aufenthalt – im Bett, als Luthers Schlafgenosse, sitzt. (»Er schläfet viel mehr bei mir denn meine Käthe.«)

Hausteufel! Eheteufel! Zauberteufel! Saufteufel! (»Sauff«: der Beelzebub aller Deutschen.) Freßteufel! Kleiderteufel! Fallensteller! Herbergsvater! Liedleinsinger! Spekulierer!

Disputator! Die Synonyma jagen sich; hunderte von Vokabeln werden aufgeboten, um den »schwarzen Nickel«, den »Poppelmann« und »Meister Klügel« dingfest zu machen und derart jene vier Worte zu bestätigen, die da lauten: »Ich kenne ihn wohl.«

Der Ort der Anfechtung – nicht das Dante-Reich der Unterirdischen, sondern die Region des bösen Gewissens im Innern des Menschen (»denn ein jeglicher hat seine Hölle mit sich, wo er ist, so lange er die letzten Nöte des Todes und Gotts Zorn fühlt«)... der Ort der Anfechtung aber ist für Luther nicht nur die Herrschaftszone des Teufels, sondern zugleich ein Reich, in dem der Bedrohte Geistergespräche mit den biblischen Figuren der Schrift führt: imaginäre Dialoge, in deren Verlauf die angefochtenen Heiligen (Abraham, Hiob oder Petrus) den Charakter von Nothelfern gewinnen – Nothelfer wie es Paulus war, mit dem Luther über den Teufel und das Kreuz disputierte, Nothelfer wie Jesus von Nazareth, dessen Niedrigkeit mitsamt aller Angst, Todesnot und Verzweiflung der Reformator wieder und wieder in dramatischer Rede vorgeführt hat: »Der Teufel hat ihn geplagt«; »ist nicht ein Spiegelfechten gewesen, die Passion, sondern ein Ernst«; »er war kein Stock noch Stein«.

»Christus«, heißt es in Luthers Karfreitagspredigt, 18. April 1522, sei ein »fein pur lauter Mensch« gewesen. »Darum hat er auch... in des Todes Ängsten so getrauert und gezagt... Die Angst aber ist, eh einer stirbt, ein Stund oder vier vor dem Tod, wenn einer sieht dem Tod in die Freß hinein, sieht, daß der Tod seinen Rachen aufsperret und auf ihn zufallen will. Da geht dann ein solch Not und Angst an, ein solch Zagen und Trauern, daß es ihm durch alle seine Gliedmaß geht, durch Leib und Leben, durch Mark und all Gebein«, und diese Angst und Traurigkeit hat »Christus auch gehabt, und viel härter denn sie etwa ein Mensch versucht hat, denn das ist ihm vorbehalten, daß er nicht wahnsinnig worden ist, sein Vernunft ist ihm lauter, klar und rein blieben, und je klarer die Vernunft den Tod ansieht, je schrecklicher er ist, je mehr Angst er auch macht.«

Ein Jesus-Porträt in der Form eines Lutherschen Selbstbilds: der Gekreuzigte als erhabenes *alter ego* eines Poeten, dessen Ziel es war, im Angesicht mittelalterlicher Höllenschrecken, Vernunft zu bewahren und dort, mit einem Höchstmaß von phantasiebestimmter Präzision, Eindrücke zu notieren, Visionen in klaren deutschen Sätzen zu bannen und aus Schrekkens-Phantasmagorien plastische Szenen zu machen, wo andere, nach Luthers Wort, »toll und unsinnig« werden.
Das vermeintlich Unbeschreibbare zu formulieren und das Spektakulärste – Anfechtungen auf dem Seelenschauplatz, Apokalypse, unmittelbar bevorstehendes Ende der Welt – in ein wohlgegliedertes Drama, mit Szenenanweisungen, Gesprächen über die Zeiten hinweg und großen Monologen des Autors, zu verwandeln: Das ist Luther gelungen, weil er die Bibel in der Form einer zeitgenössischen Moritat nachzuerzählen verstand. Jerusalem und Wittenberg, Kapernaum und das Augustiner-Kloster rückten nah zueinander, und die Fresser und Säufer, Hochzeithalter und Häuserbauer von Sodom sahen sich in sächsische Bauern und Herren von Adel umfiguriert, die mit ihren »Joachimstalern und Ketten« prunkten und den warnenden Lot alias Martin Luther als Toren verlachten. (»Du lieber Lapp«, läßt der Prediger seine Landsleute sagen, »zu morgen früh [aber], da die Sonne aufging, ward der Himmel schwarz, erhub sich ein groß Wetter, plitz, platz waren sie in inferno.«)
Wenn Luther die Bibel exegesiert, verwandelt er Figuren aus dem Bereich frommer Legende in Gestalten, die sich wie Zeitgenossen aufführen: Jesus trägt nach der Taufe, als Zeichen der höchsten Ehre, der Würde des Doktors, ein rotes Barett, und Noah macht sich Gedanken über den Mist in der Arche: Wohin mit dem Dung all der Tiere? (Antwort: Nur frisch aus dem Fenster gekippt! Durch ein Loch von einer Leipziger Elle im Quadrat geht hinaus, was da will.)
Pointiert ließe sich sagen: Abraham, Jesaja, der barmherzige Samariter oder die Kindsmutter Maria waren Luther vertrauter als Erasmus oder Friedrich der Weise. In der Welt der Bibel, deren Wüste er mit der Heide zwischen Wittenberg

und Leipzig verglich, war er, wortwörtlich zu Hause: Da lebten liebe Bekannte, deren Geschick er ausmalte und auf sich selber bezog. Als wäre er ein naher Verwandter, schlüpfte Luther in Petrus' Wams, schaute mit Noah aus der Luke heraus, stimmte in Josephs Klagelied ein und machte aus dem Beraubten des Samaritergleichnisses eine Elendsgestalt, die exemplarisch auf das Los der Kreatur in Zeiten von Gewalt und Krieg verweist: »Die Mörder... haben uns beraubet und verwundet, und haben uns halb tot lassen liegen, wir zappeln noch ein wenig, da liegt Roß und Mann, können uns aber selbst nicht aufhelfen. Und wo wir also liegend gelassen würden, da müßten wir sterben vor großer Angst und verschmachten, es würden uns Maden in den Wunden wachsen und würde Jammer und Not werden.«

Zwei oder drei vorgegebene Sätze aus der Heiligen Schrift, eine knapp angedeutete Szene, eine Rede mit wenigen Gedanken (und noch weniger Worten), und schon sieht Luther sich herausgefordert, fängt an weiterzudichten, auszuschmücken, dazuzuerfinden, macht aus Skizzen monumentale Gemälde und aus Abbreviaturen Genreszenen im Stil seines Jahrhunderts: »Daß sich solch eins jungen Weibs«, so die Kirchenpostille von 1522 über Lukas 2, 1-14, »daß sich solch eins jungen Weibs, die ihr erst Mal gebären sollt, niemand hat erbarmet, niemand ihren schwangern Leib zu Herzen nommen, niemand angesehen, daß sie in fremden Orten nit hat das aller mindste, das einer Kindbetterin not ist! Sondern allda... ohn Licht, ohn Feuer, mitten in der Nacht, im Finstern allein ist, niemand beut ihr einigen Dienst an, wie man doch natürlich pflegt schwangeren Weibern, da ist jedermann voll und toll in der Herberge... daß sich dies Weibs niemand annimt! Ich acht auch, sie hab sich selbst nit so bald vorsehen ihrer Geburt, sie wäre sonst vielleicht zu Nazareth blieben. Nun denk, was mögens für Tuchle gewesen sein, da sie ihn einwickelt, vielleicht ihr Schleier oder was sie hat mögen entbehren an ihrem Leibe... daß sie aber in Josephs Hosen sollt ihn gewikkelt haben... das laut allzu lugerlich und leichtfertig.«

In der Tat, wenn für Luther *ein* Begriff nicht gilt, dann ist es

»Einschüchterung durch Klassizität«. Statt den Text zu nehmen, wie er ist, spinnt der Poet sein Garn, sagt »vielleicht« und nicht »so ist es gewesen«, läßt Möglichkeiten über die Wirklichkeit triumphieren, stellt Fragen – und beginnt noch einmal von vorne: So oft Luther über das Evangelium des Christtags (um nur dies zu nennen) gepredigt und meditiert hat – immer fallen ihm neue Nuancen, Arabesken, überraschende Weiterungen ein: Warum, fragt er, 1544 in der Hauspostille, hat niemand in der Herberge Leintuch, Polster, Kissen und Federbett zur Verfügung gestellt? Weshalb mußte sich die »Kindbetterin« erkälten, gezwungen, ihren Mantel herzugeben, während man drinnen, in der Herberge, praßte, fraß und mit Gewändern Aufwand trieb? Und warum stand niemand dem Vater zur Seite (Joseph hat »auch müssen das beste tun«), als er um Wasser für das junge Weib im Kuhstall bat? (»Pfui dich an, du schändliches Bethlehem, man sollt die Herberg mit Schwefel anstecken. Denn [wäre] die Jungfrau Maria ein Bettlerin... oder ein unehrliche Frau gewesen, die die Ehr hätt' hintangesetzt, so sollt man doch zur solchen Zeit, ihr zu dienen, willig und geneigt sein.«)

Was 1522 wie Schamade klingt, dröhnt ein Vierteljahrhundert später im Fanfarenton: Aus der Idylle, die von Armut und Bescheidenheit kündet, ist ein Pamphlet geworden, das Jesu Elend und Jammer (»hier dienet er uns und legt sich in unseren Schlamm«) mit der Hoffart der Welt, dem Übermut der Reichen und der Gnadenlosigkeit der Habenden konfrontiert.

Hier die Niedrigen und dort die im Regiment, hier der Barbier (»Meister Petrus, der Balbierer«), dem Luther die Erbauungsschrift »Wie man beten soll« dediziert, hier der Kriegsmann oder die Magd und dort der Hofstaat zu Rom, Bischöfe und Kardinäle; hier der Stall und dort die Herberge; hier das Kreuz und dort die Zwingburg des Wider- und Endchristen, der Palast des Papstes. Unter diesen Aspekten stellte der Schriftsteller Luther, auf die Herausarbeitung schlagkräftiger, rhetorisch wirksamer Antithesen bedacht, das Demuts-Reich, in dem der »im kalten Winter, im fremden Lande«

Geborene beheimatet ist, dem Reich der irdischen Majestät gegenüber, wo die großen Hänse schalten und walten: sie, die das Kind vergessen haben und die Warnzeichen am Himmel nicht sehen, in denen Luther, wie viele seiner Zeitgenossen, von Leonardo bis Albrecht Dürer, Vorboten des nahenden Gottesgerichts zu erkennen glaubte: »Und gehen ... Zeichen durch die ganze Welt in Schwang ..., daß wir des gewiß sein sollen und nicht denken, daß sie ohngefehr geschehen und nichts sonderlichs bedeuten.«

Fünfundzwanzig Jahre lang, von den Tagen des reformatorischen Durchbruchs bis zu seinem Tod, hat Luther biblische Niederkeit mit der Glorie der vom Evangelium abgefallenen Sodom-Bürger seiner Zeit konfrontiert, die Tod und Gericht verdrängen möchten, und hat Jesus von Gethsemane, dessen Blutschweiß er mit dem gleichen visionären Realismus wie den Kuhstall zu Bethlehem beschrieb, zum Richter des römischen Papstes gemacht. Lucas Cranach dachte in seiner Bildfolge »Passional Christi und Antichristi« von 1521, für die Melanchthon und der Jurist Schwerdtfeger die Unterschriften verfaßten, Luthers Antithese zuende: »Christus in Demut wohnet bei den Armen – des schämt sich der Papst, das ist zum Erbarmen«; »In Armut und Fried war Christus geboren. Zu Krieg und Hoffart der Papst erkoren«; »Christus hat selbst seine Schäflein geweidt. In Wollust lebt dieser und Üppigkeit.«

Nur keine evangelische Glorie, kein pompöses Ausmalen des Wortes, kein Bildzauber und kein Übertünchen der bescheidenen, nüchtern und schlicht geschriebenen Vorlage lautet Luthers Devise: darum sein Beharren auf der Menschlichkeit Jesu, seiner Ohnmacht und der Verzweiflung am Kreuz – »man muß ihn je ein Menschen lassen bleiben, der etlich Ding nit hat gewist«; darum sein Beharren auf dem Magdtum Marias, das in der Auslegung des Magnifikat zu strikter Anweisung an die Künstler führte, dem Realistisch-Niederen in gleicher Weise Achtung wie der erhabenen Stellung einer von Gott Auserwählten zu zollen. Zum überschwenglichen Reichtum Gottes habe sich tiefe Armut, zur göttlichen Größe die

Kleinheit, zur göttlichen Güte das Unverdienst, zur göttlichen Gnade die Unwürdigkeit Marias zu fügen: In die Irre ginge, wer als Künstler die Jungfrau »also abmale und vorbilde, daß nichts Verachts, sondern eitel große hohe Ding an ihr anzusehen« seien.

Nicht einschüchtern, so Luthers Forderung, solle die künstlerische Auslegung biblischer Texte den Betrachter und Leser, nicht ihn »blöd und verzagt machen«, sondern im biblischen Vorbild eine Figur aus Fleisch und Blut erkennen lassen, die den Gläubigen zu hilfreicher Nachfolge einlüde.

Im Zustand der ihm eigenen *wachen Begeisterung* und *nüchternen Entrückung*: als Exeget, dessen Auslegungskraft in gleichem Maße zunahm, wie die Macht der Anfechtungen wuchs, denen er ausgesetzt war, hat Luther sich Fremdes zu eigen gemacht und, ineins damit, Eigenes im Anderen und Fernen verfremdet: ohne die Erfahrung unterm Kreuz kein Verständnis der Botschaft, ohne das Hören aufs Wort kein Begreifen der Seelenlage eines Christen in Betrübnis und Hoffnung.

Experienz und Auslegung gehören für Luther untrennbar zusammen: wobei Erfahrung nicht nur existenzieller Bezug zum Wesensverwandten, sondern auch redliches Sich-Umtun, Wissens-Aneignung und ein Höchstmaß von Gelehrsamkeit hieß. In äußerster Verzweiflung Gottes Gerechtigkeit zu erfahren, Anfechtung, in den Spuren Jesajas, als eine Kraft zu begreifen, die sinnstiftend wirke, im Apostel Paulus, dem von den Fäusten der Engel Geschlagenen, den *frater sub cruce* auszumachen: das ist für den Schriftsteller Luther die eine *conditio sine qua non* der rechten Bibelauslegung gewesen – aber eben auch nur die *eine*. So wichtig ihm die Inspiration jenes Betroffenen war, der, im Sinn des tropologischen Schriftverständnisses, das biblische Wort auf die eigene Situation, die eigenen Anfechtungen und Teufels-Disputationen bezieht, und so nachdrücklich der Ausleger darauf bestand, daß niemand den Geist einer Schrift wie des Psalters verstünde, der nicht die gleichen Affekte verspüre wie der Psalmist, also auf Grund eigenen Erlebens urteilen könne, so daß er, im Herzen fühlend, was von außen durch das Wort an ihn herangetragen werde, zu sagen vermöge: »Eia, vere sic est« (Ja! So ist es in Wahrheit!)... so emphatisch Luther die Übereinstimmung von »Herz« und »Text«, dem Gemüt des Lesers und dem Wort der Schrift, als Voraussetzung angemessenen Verstehens begriff, so entschieden bestand er auf der anderen Seite darauf, gerade die biblischen *Realien*, von der Geographie bis zur Folklore, für wichtig zu nehmen.

Kein deutscher Schriftsteller hat es so wie Luther verstanden, ein Maximum von Seelen-Erforschung, Ich-Analyse, Gemüts- und Affekt-Beschreibung mit einem Höchstmaß an Welt-Erfahrung, dem Einbringen von Alltag, Realität und konkretem Leben zu vereinen. Luther, der Schriftsteller: Das ist zugleich der unermüdliche Ich-Erzähler, der, wenn er David, Jesaja, den Psalmisten, Paulus (und, natürlich, den Teufel) auftreten läßt, von sich selbst, den eigenen Anfechtungen, dem eigenen Pfahl im Fleisch spricht, *und* es ist auch der wortgewaltige Verfasser einer comédie humaine des sechzehnten Jahrhunderts. Luther: Das ist einerseits der Seelenzergliederer und Erforscher der Gewissenshöhle, ein Mann, der, vom Brief an Hans Luther, seinem großen Rechenschaftsbericht vor der väterlichen Instanz, bis hin zu den letzten Tischreden, in der ersten Person Singularis redet: »*Ich*«, heißt es in einer Predigt vom 22. August 1529, »hätte für eine Bibel und eine fromme Lektion zweihundert Goldgulden gegeben, ja alles hätte *ich* dahingegeben, hätte *ich* nur ein Evangelium, eine Epistel oder einen Psalm recht verstehen können. *Ich* hätte damals gesagt: O selig, wenn *ich* diese Zeit erleben könnte! *Ich* wäre mit barfüßigen Knien gekrochen, dies Evangelium zu hören, auch bis an die Knochen.«

Aber der gleiche Luther, der – exempli causa wohlgemerkt, nicht aus eitler Selbstgefälligkeit – von sich und seiner Seelenangst redet, getrieben (wie's der beste: weil seelenverwandte Luther-Kenner, Sören Kierkegaard, beschrieben hat) von der »Passion für Ausdruck und Beschreibung seiner Leiden«... der gleiche Luther, der ein Meister der unerbittlichsten (wenngleich oft verschlüsselten) Introspektion war, verstand sich, zumal als Prediger, in einer Weise auf die Technik der von Weltoffenheit und Fabulierlust geprägten Wirklichkeitsanalyse, daß es manchmal so scheint, als habe, nach 1520, in Wittenberg ein schriftstellernder Rembrandt sein Zelt aufgeschlagen.

Was, gilt es zu fragen, wüßten wir vom Leben der Kleinen und Vielen in Goethes Weimar, von ihrem Alltag, ihrem Elend und Glück, von Kindstaufe, Hochzeit und Tod, stünden uns als Quelle nur Goethes Tagebücher und Herders Predigten zur Verfügung? Wenig genug – kaum mehr als das, was wir, das sechzehnte Jahrhundert betreffend, aus den opera omnia des Erasmus erführen.

Und dagegen nun Luther! Dagegen die Beschreibung des Johannisfests zu Wittenberg, in dem sich der letzte Akt der Wagnerschen »Meistersinger« präfiguriert sieht: *Tanz soll sein und Sprung ums Feuer herum! Rautenkranz! Und die Kinder mögen ihr Spiel haben!* Und dann die Darstellungen des Wirtshauslebens, der Bettelei, der Trunksucht, der Pest; die Vorführung von Klatschbasen, Geizhälsen, Kriegsknechten, Wucherern, Tierhaltern, Verbrechern, Honoratioren und lieben Nachbarn!

Hüben die Seelenzergliederung und drüben das Beschreiben der großen und kleinen Welt; hier das Beharren auf rigoroser Introspektion, Gedanken-Wägung und Gewissens-Erforschen und drüben das Spielenlassen eines »realistischen Tics«, dessen Fruchtbarkeit sich erweist, wenn der Leser bedenkt, wie viele typische Situationen des sechzehnten Jahrhunderts im Werk des Schriftstellers Luther dank exakten Sich-Einlassens auf die Herausforderungen der Wirklichkeit an Konkretheit gewinnen: Wie plastisch – ein Beispiel, das für dutzend andere steht – wird die Situation einer Stadt, die von der Pestilenz heimgesucht ist, wenn Luther im Traktat »Ob man vor dem Sterben fliehen möge«, 1527 geschrieben, der Reihe nach Seelsorger, Amtspersonen, Eltern, Ärzte, Bestatter unter dem Aspekt »Du hast zu bleiben«, »Du darfst fliehen« auftreten läßt: wenn er signifikante Details, wie die Lage der Friedhöfe, erörtert, die ihm zu nah dem Stadtzentrum liegen (aus den Gräbern könnten »Dunst oder Dampf gehen, der die Luft verrücke«) oder wenn er seine Situationsanalyse in konkrete Handlungsanweisung einmünden läßt: »Brauche der Arznei, nimm zu dir, was dir helfen kann, räuchere Haus, Hof und Gassen, meide auch Person und Stätt, da dein Nächster dein nicht bedarf oder aufkommen ist, und stelle dich als einer, der ein gemein Feuer wollt helfen dämpfen. Denn was ist die Pestilenz anders denn ein Feuer, das nicht Holz und Stroh, sondern Leib und Leben auffrisset.«

Da redet ein Prediger, der sich auf nüchterne Paränese so gut wie auf die begeisternde Rede verstand; ein Schriftsteller, der noch in der scheinbar selbstverlorenen Meditation immer auf den anderen zuschrieb: den Partner, den er in seine Überlegungen hineinnahm: Da, schau! Petrus im Totenreich! Joseph auf dem Weg in die Gefangenschaft! Die Pest vor den Toren der Stadt! Der Papst in der untersten Hölle! Die Bauern: Beute des Teufels!

Was immer er schrieb, Martin Luther: Vorlesungen, Streitschriften, Übersetzungen, Predigten, Postillen, Dispute, Sermone, Handreichungen, Traktate – jeder Satz war adressatenbezogen, nahm den Leser in Pflicht, provozierte Widerspruch oder Akklamation; denn er war Ausdrucksmittel eines Autors, der sich als »Wortführer Gottes« und »Mund Christi« verstand, als einen Gefangenen des Wortes, dessen Aufgabe es sei, das Evangelium unter die Menschen zu bringen.

»Evangelion aber heisset nichts anderes« – der Zentralsatz Luthers: das Glaubensbekenntnis, das seine Schriftstellerpflicht definiert – »Evangelion aber heisset nichts anderes denn ein Predigt und Geschrei von der Gnad und Barmherzigkeit Gottes, durch den Herren Jesum Christum in seinem Tod verdienet und erworben. Und ist eigentlich nicht das, das in Büchern stehet und in Buchstaben verfasset wird, sondern mehr ein mündliche Predigt und lebendig Wort, und ein Stimm, die da in die ganze Welt erschallet und öffentlich wird ausgeschrien, das man überall höret.«

Das Wort zu verkünden hieß für Luther nicht: Geschriebenes nachzuschreiben, sondern Gesprochenes weiterzusagen und bei jeder Formulierung daran zu denken, daß der Christenmensch den heiligen Geist nicht durch Arbeit und Schweiß (*non ex laboribus et sudoribus*) und nicht durch gesetzestreue Werke, sondern allein durch gläubiges Hören empfängt. Die *viva vox evangelii* in mündlicher, dialogbestimmter Diktion zu verbreiten: Darum war's Luther zu tun – und indem er so tat, diente er dem, Jesus Christus, der ihm als *verbum verbi* die Sinneinheit der überlieferten Botschaft verbürgte.

Das Wort – nicht die Schrift! – zu verkündigen hieß: Christus zu predigen und ihn als Offenbarung Gottes, sein Wort und sein Zeichen, verstehen zu lehren: »Evangelii zu predigen« – Kirchenpostille von 1522 – »ist nichts anderes denn Christum zu uns zu kommen oder uns zu ihm zu bringen.« Je wortgewaltiger, so Luthers These, ein Text, desto näher liegt er dem Zentrum: desto sichtbarer ist sein Christus-Bezug – dies gilt für die Heilige Schrift. Der wortbesessene Johannes zählt für Luther mehr als die von »Werk und Historie« Jesu ausgehenden Synoptiker – und dies gilt auch für die Interpreten der evangelischen Botschaft, denen das Wort über alles: über das Werk, ja selbst über die Schrift zu gehen habe. *Entferne Christus aus der Schrift – was könntest du dann noch finden in ihr?*

Unter diesem Aspekt ging Luther daran, in der Bibelübersetzung so gut wie in den Schriften für den Tag und die Stunde, das Wort zu »befreien«, Christus zu »retten« und das Evangelium, im Kampf gegen die Papstkirche, wieder in seine Rechte zu setzen: »Drum, liebe Freunde«, heißt es in der Streitschrift »Das Papstthum mit seinen Gliedern gemalet und beschrieben«, »laßt uns aufs Neu wieder anfangen schreiben, dichten, reimen, singen, malen und zeigen das... Götzengeschlecht, wie sie verdienet und wert sind. Unselig sei, der hier faul ist, weil er weiß, daß er Gott einen Dienst daran tut, der im Sinn hat..., den Greuel auf dem Erdboden zu malmen und Asche zu machen. Laßt unsere Zungen, Federn und Stimme (Gott gerüstet) sein und ihm dienen, doch ohne frevlerische Hand, und alleine mit Worten.«

Ohne frevlerische Hand, allein mit dem Wort: Das ist die Losung, in deren Zeichen Luther die Christenheit auffordert, *sich vor Aufruhr und Empörung zu hüten*. Wer zum Schwert greife,

mißtraue dem Wort, greife dem verheißenen Gericht gegen die Widersacher des Evangeliums vor, verfalle, statt sich aufs Sakrament des Worts einzulassen, dem politischen Narrenspiel und bedenke zu wenig, daß, wenn Christus das Wort sei, schon ein Diminutivum genüge, um selbst dem Teufel (und wieviel eher erst seinen Trabanten!) den Garaus zu machen. Ungeachtet der Tatsache, daß Luther *ein* Mal (aber ein *entscheidendes* Mal) seinem Wortvertrauen und Wortglauben Valet sagte, als er die großen Hänse antrieb, die aufständischen Bauern das Fürchten zu lehren – ungeachtet der einen Ausnahme, die beweist, wie inkonsequent Luther selbst dort sein konnte, wo das Zentrum seines Glaubens tangiert war... ungeachtet des »steche, schlage, würge wer da kann« bleibt festzuhalten, daß es niemals einen Schriftsteller gegeben hat, der, im Doppelsinn der Adjektive, so wortbesessen, wortgläubig, wortselig war wie Martin Luther.
»Das Wort macht aus Menschen Götter«: So hat einer gesprochen, der sehr genau wußte, daß es ein Reden in Bildern, eine Sprache des Herzens und eine gemütsbewegende Diktion gibt, die, affektgeladen, die Affekte des Hörers erregt: Warum, fragt Luther in der Auseinandersetzung mit dem Löwener Theologen Latomus, hat die uneigentliche figürliche Sprache eine solche Kraft, daß sie das Gemüt durchdringt und bewegt und jeder Mensch seine Lust daran hat, bildliche Rede zu hören oder zu sprechen? »Klingt es nicht viel lieblicher: ›Die Himmel erzählen die Ehre Gottes‹ als: ›Die Apostel predigen es‹? Und wenn 5. Mose 4, 19 davon spricht, daß man die Sterne nicht anbeten soll..., die der Herr, dein Gott, erschaffen hat zum Dienst für alle Völker, die unter dem Himmel sind... dann kannst du gewiß nichts hören, was lieblicher, mächtiger, vollkommener lautet. So (aber) klingt es im Hebräischen: ›(Die Sterne), die Gott, dein Herr, zum Beweis seiner Liebe gesetzt hat allen Völkern unter dem Himmel.‹ Ich bitte dich, muß nicht dieses Wort den frommen Sinn bilden, das Gemüt bewegen und Vergnügen wecken (das Wort, das da sagt,) der Herrgott habe die Sterne allen Völkern gegeben, um sie... durch sanfte Wohltaten zu sich zu laden,

auf daß sie ihn wieder lieb hätten, nicht anders als es eine Mutter macht, die mit ihrem Kinde auf den Knien spielt?«
Da sage noch einer, Luther habe die allegorische Ausdeutung der Schrift, dem Prinzip der historisch-wörtlichen Exegese folgend, zumindest als eine nachgeordnete Technik verstanden! Das Gegenteil ist richtig: Gedicht und Bild haben den Artisten und Poeten, nach eigener Aussage, entschiedener bewegt und stärker in ihren Bann gezogen als die prosaische Rede. Das lateinische Schreiben an den Humanisten Eobanus Hesse, den Übersetzer des Psalters, formuliert am 1. August 1537, spricht für sich selbst: Da wird der Geist der Poesie beschworen, die auf Himmelsthronen sitzt; da sieht sich der Psalter als Gedicht der Gedichte und Jesus Christus als Muse gefeiert, deren Anhauch der Übersetzer sein Kunstwerk verdanke.
Gewiß, da ist Humanisten-Höflichkeit dabei, eine Prise Schmeichelei, dargeboten in jenem eleganten Latein, auf das sich Luther, wenn er wollte, nicht minder perfekt als Erasmus verstand. (*Summa voluptate legi, lego, legamque semper: ita gratus est mihi labor tuus in hunc suavissimum librum collocatus*: Mit allerhöchstem Vergnügen habe ich gelesen, lese ich, werde ich lesen: So teuer ist mir die Mühe, die du auf dieses mir allerliebste Buch verwendet hast.)
Ein Zeugnis literarischer Höflichkeit; Dokument der Courtoisie und des zierlichen Worts, das nur jenen überraschen wird, der, wie's Nietzsche, oder ihm folgend Thomas Mann tat, in Luther allein den teutonischen Grobian und cholerisch wütenden Anti-Europäer sieht... gut und schön. Aber ist es wirklich *nur* Urbanität, *nur* Spaß an gefälligen Formeln, der Luther hier die Feder führt und ihn veranlaßt, den Lyriker – den frommen Psalmisten mitsamt dessen genialen Übersetzer auf Kosten selbst eines Demosthenes und Cicero in den Himmel zu heben? Gewiß nicht. Luther war nicht nur ein Freund schlichter Rede, sondern in gleicher Weise Liebhaber jener bildlich verrätselten Sprache, die seiner sinnstiftenden Erhellungskünste bedurfte: Dem Psalmisten über die Schulter schauen könne, so Luthers Fazit, nur einer, der wisse, was

Geistbesessenheit und prophetische Begeisterung sei: einer vom Schlage dessen also, den es, wie die Nachschriften der Studierenden zeigen, selbst in den Vorlesungen hinriß, so daß er mit *hui und pfui* außer Atem geriet und Mühe hatte, jenen Einflüsterungen des heiligen Geistes Paroli zu bieten, die ihn nach eigenem Bekenntnis (einem zweifelhaften freilich) bis in die Kloake verfolgten.

Aber dieser inspirierte Luther, der sich rühmte, er möchte alle Königreiche der Welt nicht mit dem vertauschen, was er durch den Segen des heiligen Geistes in der Meditation über die Psalmen erlangt habe... dieser im Zustand der Anfechtung und Begeisterung von der *rabies poetica* ergriffene Schreiber war zu gleicher Zeit der nüchterne Handwerksmann, der sehr genau wußte, daß gerade der heilige Geist ein klares und ruhiges Werkzeug verlange: Nicht in der Anfechtung, sondern erst, wenn sie vorbei sei, könne der Mensch die Wahrheit verkünden. »Daher muß angenommen werden«, heißt es in der Psalmenvorlesung, »daß auch David erst im Zustand ruhiger Betrachtung den geheimen Sinn dessen erkannte, was ihm zugestoßen war.«

Kein Zweifel: Hier ist, im Sinne Thomas Manns, ein Spurengänger am Werk; hier wird die eigene Schaffensart, das Wechselspiel von mystischem Aufschwung und nüchterner Retraktion des Geschauten, durch einen Verweis auf den ersten und größten Sänger legitimiert. Ein bißchen poetische Kopierlust, Spaß an geheimen, halb angedeuteten, halb verschwiegenen Bezügen – hier zu David, da zu Joseph, dort zu Jesaja – war schon dabei, wenn Luther eigenes Erleben in die Interpretation biblischer Vorgänge einfließen ließ. Janusgesichtig wie er als Schriftsteller war, liebte der Reformator den absichernden Hinweis auf Vorbilder in den oberen Rängen, mit dessen Hilfe er die Widersprüchlichkeit seiner poetischen Manier aufhellen konnte (bin ich nicht Davids kleines Ebenbild?), und widersprüchlich, in der Tat, ist sie gewesen, die von Luther praktizierte Verfahrensweise als Prediger, Poet und Publizist. Mal schreibt er, zumal während der Arbeit am Alten Testament, im Kreise der Freunde nur ein paar Sätze

am Tag, und dann wieder zieht er alle Register, läßt brausen und wallen, evoziert die Gedanken, die Tag und Nacht auf ihn einstürmten, lobt seine »rauhe Feder im Tintenfaß« und preist den heiligen Zorn, der ihm das Predigen und Schreiben leicht mache: nie flösse ihm, was formuliert werden wolle, so rasch in die Feder als wenn der Zorn sein »ganz Geblüt« erfrische, den Geist schärfe und die Anfechtungen verjage. Wut als Lebens- und Schreibelixier; Haß als Hebamme der Poesie; Zorn als Muse eines Schriftstellers, der mit Vorliebe erklärte, daß er sich seiner Sache um so gewisser fühle, je größer und mächtiger die Schar der Widersacher sei, die nicht *in die Schranken zu verweisen*, sondern zu *erledigen* das Ziel seiner von zynischen Späßen und tollen Grobianismen strotzenden Streitschriften war – einerlei, ob's um die Türken, Bauern, Juden oder Papisten ging: immer mußte *niedergemacht*, *tabula rasa geschaffen*, *ausgemerzt* werden.
Nieder mit den Israeliten! »Ich verfluchter Goi kann nicht verstehen, woher sie solche hohe Kunst haben (daß sie den Text und Gottes Wort so meisterlich können würfeln), außer daß ich muß denken, da Judas Scharioth sich erhängt hatte, daß ihm die Därme zerrissen und ... die Blase geborsten ... da haben die Juden ... die Judaspisse aufgefangen, danach untereinander die Merde gefressen und gesoffen, daß sie Glossen in der Schrift lesen, die weder Matthäus noch Jesaja noch ... alle Engel geschweige denn wir verfluchten Gojim sehen können. Oder haben ihrem Gott in den Hintern geguckt und in demselben Rauchloch solches geschrieben gefunden ... (und) darum müssen wir verfluchten Gojim den allerheiligsten Juden ihre himmlische Weisheit in Judaspisse und ihrem Judenschweiß lassen, daß sie allein klug bleiben.«
Wenn Luther zu poltern beginnt, gegen die räuberischen Rotten der Bauern oder den Farzesel Papst (eine Verballhornung des Namens Farnese), den *aller Hellischt* Vater Paula Tertius, den *Hermaphroditen*, durchtriebenen Erzspitzbuben, der in des *Satans leibhafftiger Wohnung zu Rom* in die Arena reitet, um seine seit der Auseinandersetzung mit Hieronymus Emser erprobten Ritter-Kunststücke zu praktizieren, dann

reißt es ihn hin, aus Schimpfworten werden Schimpfwortreihen, aus Schimpfwortreihen Schimpfwortabsätze, die Invektiven überschlagen sich, Deutsch schwappt ins Lateinische über, Lateinisches in ein verballhorntes Italienisch-Französisch: »Gremmerze, Miser Asine, porlabon informationes, satanissime Papa« – »Grand Merci, Monsieur Asine, per la buona informatione, allersatanischster Papst, Du!«

Wider das Papsttum zu Rom, vom Teufel gestiftet: Das ist, über hundert Druckseiten hinweg, eine einzige Eruption von Schimpfbrocken, Unflatgeschossen und Kotbatzen, die Rabelais geknetet haben könnte: *Gaukler*, *Hurenkind*, *Kaisermörder*, *Verräter*, *Grundsuppe (Absud) aller bösesten Menschen auf Erden*, die sich mit dem Namen Christi schmücken, obwohl *sie doch »voll sind aller ärgsten Teufel in der Hölle, voll, voll, und so voll, daß sie nichts denn eitel Teufel ausspeien, schmeissen und schneutzen können«*.

Sobald er einmal in Rage ist, Luther, geht's bei ihm holterdipolter, ohne Gliederung und ohne pointiertes Finale, dafür mit vielen Wiederholungen und ständigem Sich-Bewegen im Kreise: Die Bezifferungen und Unterteilungen täuschen; Gedankenentwicklung in überschaubarem Rahmen und stufenweise Erhellung eines Problems war nicht Luthers Force; er selber wußte nur zu gut, daß seine Hauptgefahr im Hang zum »Wäschen« lag (in seiner Jugend hätte er am liebsten »die ganze Welt zu Tode gewaschen«) – unbezwingbar die Besessenheit, alles drei- und viermal zu sagen, und eklatant der Unwille, Thesen in knappem wissenschaftlichen Diskurs, epigrammatisch und in luzider Punkt-für-Punkt-Disposition, zu entwickeln.

Statt penibel zu feilen und die Traktate in tagtäglicher Wortplackerei nach Art der Übersetzung des Alten Testaments zu entwickeln, schrieb der Gehetzte mit fliegender Feder – selten genug, daß ein Manuskript vom Konzept bis zur Korrektur an Reife gewann; selten genug, daß einmal eine Schrift erschien, die, wie »Von der Freiheit eines Christenmenschen«, aus einem Guß war: Kein Wunder, daß Luther, mit wenigen Ausnahmen, von seinen Arbeiten nicht eben viel hielt. Mochten andere sich als Künstler betrachten: ihm war es genug, wenn seine opera omnia (die er übrigens am Ende seines Lebens selbst nicht mehr überschaute: ein Schriftenverzeichnis führte er nicht)... ihm war es genug, wenn seine Werke sich überflüssig machten und mit dazuhülfen, daß »des Schreibens weniger und des Lesens in der Schrift mehr werde«. Poeterei um der Poeterei willen? Befreiung der Dichtung aus dem Dienst für die Theologie? Poesie – kein Instrument der Pädagogik, kein ziel- und zweckbestimmtes Handwerk mehr, sondern sich selbst genug? Nicht in Luthers Kloster, nicht in Wittenberg! Da verlangte man, statt die *Tichtkunst* zu vergöttlichen, eine Sprache – und, dazu gehörig, eine Musik –, die, weit entfernt von höfisch-modischem Stil, den Menschen verständlich sei – eine sehr einfache und gewöhnliche, gleichwohl aber lautere und der Bibel, vor allem den Psalmen, angemessene Redeweise und Melodie. (Luther 1523 an Spalatin: *quo... simplissima vulgarissimaque, tamen munda simul et apta verba canerentur.*)

Nein, auf Kunstfertigkeit wurde in Wittenberg kein Wert gelegt; hätte man Luther die unbeholfene Intonation mancher seiner Gedichte, mit ihrem meistersingerlichen Silbenzählen und der Tonbeugung im Wort, vorgehalten – wäre ihm, nicht zu Unrecht, ein Hans Sachs gekommen, der Beckmesser alias Luther über mangelhafte Behandlung des Rhythmus aufgeklärt hätte: Kein Zweifel, der Reformator hätte im Sinn der Vorrede zum ersten Band der Wittenberger Ausgabe seiner deutschen Schriften geantwortet: »Fühlest du dich und lässest dich dünken, du habest es gewiß, und kützelst dich mit deinen eigenen Büchlein, Lehren oder Schreiben, als habest du es sehr köstlich gemacht... gefällt dir auch sehr, daß man dich vor anderen lobe. Bist du der Art, Lieber, so greif dir selber an deine Ohren, und greifst du recht, so wirst du finden ein schönes Paar großer, langer Eselsohren. So... schmücke sie mit güldenen Schellen, auf daß, wo du gehest, man dich hören könnte, mit Fingern auf dich weisen und sagen: Sehet, sehet, da gehet das feine Tier, das so köstliche Bücher schreiben und wohl predigen kann.«

Erst kam die Pädagogik für Luther und dann, der Didaktik unterworfen, die Kunst, erst die Nötigung, das ihm auferlegte Wächter- und Richteramt zu erfüllen, dann die Verpflichtung gegenüber dem sanften, Versöhnung befördernden Wort. Beklagenswerter Luther, gesegneter Philipp Melanchthon! »Ich bin dazu geboren« – Vorrede zu Melanchthons Auslegung des Kolosserbriefs von 1529 – »daß ich mit den Rotten und Teufeln muß kriegen und zu Felde liegen, darum meine Bücher viel stürmisch und kriegerisch sind. Ich muß die Klötze und Stämme ausrotten, Dornen und Hecken weghauen, die Pfützen ausfüllen und bin der grobe Waldrechter, der die Bahn brechen und zurichten muß. Aber Magister Philipp fähret säuberlich und still daher, bauet und pflanzet, säet und begießt mit Lust, nach dem Gott ihm gegeben seine Gaben reichlich.«

Ach wir, die wir den Boden bereiten wollten für Freundlichkeit, konnten selber nicht freundlich sein: Es ist, im Sinne des Brecht-Gedichts an die Nachgeborenen über die finsteren Zeiten, ergreifend zu sehen, wie die Situation einen Schriftsteller zwang, vorzüglich die eine Seite seiner Begabung zu kultivieren: den Sinn für die zermalmende Beredsamkeit der Polemik, fürs Dreinschlagen mit Hilfe von Satire, Verbalaggression und einem Witz, der den Gegner erledigte, indem er ihn lächerlich machte. Die andere Seite hingegen, wo der leise Ton, die zarte Weise des Lyrismus und das Nürnbergisch-Anmutige dominieren... wie selten hatte Luther Gelegenheit, seine zweite – und vielleicht größte! – Begabung auszuspielen: eine Begabung, die sich erweist, wenn er das Ambiente der Weihnachtsgeschichte beschreibt, biblische Genreszenen mit behutsamem Wort übersetzt, in der Magnifikat-Exegese das Hohelied der niedrigen Braut singt oder, im Liebesgedicht auf die Kirche, die Schmerzensmutter Maria, die Geliebte, wie sie die Minnesänger beschrieben, und die heilige Gemeinschaft der Christen in einer einzigen Figur vereint:

Sie ist mir lieb die werde magd
und kan jr nicht vergessen,

Lob, ehr und zucht von jr man sagt,
sie hat mein hertz besessen.
Ich bin jr hold,
und wen ich solt
gros unglück han,
das ligt nicht an.
Sie wil mich des ergetzen
mit jrer lieb und trew an mir,
die sie zu mir wil setzen
und thun all mein begir.

Martin Luther, *ein* deutscher Schriftsteller? Nein, nicht *ein* Schriftsteller, sondern viele, unter einem Namen versammelt. Da gibt's, zum ersten, den Polemiker – einen Mann der schnellen Feder, dessen wichtigste Arbeiten, nach eiliger Sammlung der Truppen, aus der Defensive heraus formuliert wurden: Luther war kein Systematiker, der ein Gedankengebäude Schritt für Schritt nach freiem Ermessen entwarf – er war ein Mann des Augenblicks, der sich – in der Auseinandersetzung mit Zwingli, Erasmus, Müntzer, den Päpsten und Bauern – seine Entgegnung abtrotzen ließ: immer mit schwarzen Steinen gespielt und die Züge des Gegners notiert, immer in vorgegebenen, vom Widersacher bestimmten Bahnen gegangen. Luther war Antworter, nicht Vorredner – ohne Erasmus keine grundsätzliche Behandlung der Prädestinationsfrage; ohne Thomas Müntzer keine Deutsche Messe, ohne Zwingli keine stufenweise, anfangs vorläufige, dann langsam systematisierte Ausformung der Abendmahlslehre! (Ein Jammer, so betrachtet, daß es niemanden gab, der Luther eine Schrift über die Rechtfertigung hätte abnötigen können: Wäre ein Brechtscher Zöllner zur Stelle gewesen, der Reformator hätte sie mit Gewißheit geschrieben.)
Und dann gibt es, zum zweiten, den Satiriker Luther: Partner des Thomas Murner – einen Literaten, der die Antithese *hier Christus, dort der Papst* in seinem Spätwerk, den römischen Bischof als gesetzestreuen Kämpfer gegen den Milch-, Butter-, Käse- und Eiergenuß am Sabbath verhöhnend, zur Nar-

renfarce zuspitzt... immer darauf bedacht, den Gegner in jener Manier der Lächerlichkeit preiszugeben, die er am witzigsten in der Aufforderung an Albrecht von Mainz praktizierte – »Neue Zeitung vom Rhein«, 1542 –, der Aufforderung, die in der St. Martinskirche auszustellenden Reliquienschätze durch einige besonders eindrucksvolle Exponate zu bereichern: ein Stück vom linken Horn Moses' zum Beispiel, ein Ei vom heiligen Geist, einen Zipfel der Fahne, mit der Christus in die Hölle hinabstieg oder, eine Preziosität besonderer Art, dreißig Förze von der Pauke, die am Roten Meer zu hören war.

Dann aber gibt es, zum dritten, den *anderen* Luther, einen Psalmisten des sechzehnten Jahrhunderts, der ein Leben lang in Davids Spuren ging: mit Hilfe allegorischer Ausdeutung Metaphern enträtselnd und selber, wie im Gedicht »Sie ist mir lieb, die werte Magd«, Metaphern, Bilder und Formeln entwickelnd, die, als Abbreviaturen, die Summe vielfältiger – und erhellungsbedürftiger – Zusammenhänge ziehen.

Und dann gibt es, zum vierten, den Balladendichter (»Ein neues Lied wir heben an«), zum fünften den Übersetzer, der, wir haben's gesehen, mit Bildfiguren wie mit Zeitgenossen umspringt (»Ezechiel ist sehr *verbosus*«) und das Alte Testament von Palästina nach Thüringen transportiert: »Wird (damals) zugegangen sein wie (heute) im Papsttum, hat niemand studiert, ist die Bibel unter der Bank gelegen.«

Dann gibt's, zum sechsten, den Bearbeiter, einen poeta doctus, der die Psalmen versifiziert, zum siebten den Rhetor und Epistolographen, der jedermann in der ihm eigenen Sprache anzureden versteht: Eobanus Hesse im eleganten Latein, Melanchthon in latinisierter Umgangsrede (mündlich, wie man weiß, mit sächsischem Einschlag), die Eltern und vor allem Frau Käthe, die »Brauerin und Richterin auf dem Saumarkt«, in derb-bildkräftigem Deutsch, den Kurfürsten in makellosem Kanzleistil: ein Mann und *vier* Redeweisen, mit der deutsch-lateinischen Diktion der Kolloquien sogar deren fünf! (Fünf Idiome – vom Latein des scholastischen Finassierens bis hin zum Deutsch des weihnachtlichen Kinderlieds!)

Und dann gibt es achtens den bis heute nahezu unbekannten Disputator und gibt schließlich, um von weiterem zu schweigen, den Prediger Luther... und wenn da eine Tätigkeit war in seinem Schriftstellerleben, die alle anderen gleichsam *in nuce* enthielt, dann ist es das Predigen gewesen. Denn was er auch tat, Martin Luther: Gedichte schreiben, Fabeln erzählen, Lieder komponieren, Send-, Mahn-, Kampf- und Trostschreiben verfassen – er hat immer gepredigt, sprach von der Kanzel herab, auch wenn er in der Schreibstube saß, und zielte, als geistlicher Lehrer, in allen Gattungen der Schriftstellerei auf jene Verbindung von herzbewegender Rede und schlichter Diktion ab, die ihm eine rhetorische Tradition offerierte, deren System er – wie seine Gegenüberstellung von Tragödie und Komödie, königlichem und bürgerlichem Schicksal beweist – auch unter poetologischen Aspekten beherrschte. (Nachzulesen im zweiten Band der Tischreden, Weimarer Ausgabe, Nummer 2073.)
Docere, suadere, movere – lehren, überzeugen und die Affekte erregen: Die Ciceronianische, von Augustin auf die christliche Unterweisung bezogene Trias war für Luther verpflichtend, auch wenn er, unter dem Aspekt der Unterweisung des ungeschulten »Pöfels«, die schlichte als die angemessenste, dazu von der Schrift vorgegebene Redeweise, die Diktion Jesu – »hat am allereinfältigsten geredt und war doch die eloquentia selbst« – und Paulus' bevorzugte: »Paulus«, heißt es in den Tischreden (Nr. 5240), »hat nicht so hohe Wort wie Demosthenes, aber proprie (sachgemäß) redt er und hat significantia verba. (Will heißen: hat das richtige Wort, zur richtigen Zeit, für die zu bezeichnende Sache.) Paulus hat recht getan, daß er's nicht sehr kraus und hoch gemacht hat, sonst wollt jedermann so hoch reden.«
Trotzdem, Verzicht auf krause Worte und dunkle Anspielungen vor der Gemeinde, der Wittenberger, mit ihren »wenig ernsten«: also unwissenden Christen, für die – und nicht für die Gebildeten vom Schlage Melanchthons, Jonas' und Bugenhagens – der Reformator predigte, Verzicht auf die *verbositas* und *maiestas*, die Wortumschweifigkeit und Glorie des

hohen Stils und, statt dessen, Bevorzugung der jesuanischen Redeweise, der Diktion des genus humile, das Operieren mit einer Sprache, die Dürers Malweise entspräche (»Dürer liebt schlichte Predigten und einfältige Worte«), dies alles hieß für Luther keinesfalls, auf Bilderschmuck und Prophetenwort zu verzichten: da ja gerade der Pöbel – so die in der Auslegung des Propheten Habakuk formulierte Predigerthese – der bunt schillernden Rede bedürfe, während einem Verständigen »balde geprediget sei«. »Da sehen wir, wie die Propheten... kurz und reichlich ein Ding ausstreichen (konnten.) Denn was ein anderer hätte gesagt mit einem Wort... da redet Habakuk mit vielen Worten und streicht es alles eigentlich aus und schmückts mit Gleichnissen, wie man denn auch tun muß, wenn man dem groben, harten Pöbel prediget; dem muß man es vormalen, blauen und kauen und auf alle Weise versuchen, ob man sie könne erweichen.«
Vormalen, einbläuen, vorkauen: Luther war ein harter, bisweilen auch unbarmherziger Magister – nicht zuletzt auf der Kanzel, wo er's für die höchste Predigeraufgabe ansah, »frisch und getrost das Maul« aufzutun, nicht zu schweigen und nicht zu »mummeln«, sondern »unerschrocken und ohne Scheu zu bekennen«. Martin Luther ist ein Mann gewesen, der Heere von Schreibern, ganze Druckoffizinen in Bewegung setzte – ein Mann, der allein mit dem Wort aus dem Nichts heraus eine gewaltige Bewegung schuf. (Hat, frage ich mich, jemals ein einzelner – Thomas von Aquin, Galilei oder Marx – mit dem Mittel der magistralen Sprache derart viel erreicht wie Martin Luther?) Luther war ein Mann, dessen Stimme bis Rom und Madrid drang und der doch zur gleichen Zeit in Wittenberg – gelegentlich, nicht immer! – vor halbleeren Bänken predigen mußte: vor sich die Dösenden (»sie gehen so klug hinaus als hinein, schlafen und schnarchen in der Kirche«), vor sich junges, unverständiges Volk, dazu aufsässige Burschen und Diebsgesindel – alles in allem eine höchst gemischte Gesellschaft (»Die sind zu kühn, jene zu blöde, die zu klug, die zu närrisch«)... eine Gesellschaft, die selbst einem Luther die Grenzen seiner Wortkunst aufzeigte: Perlen vor die Säue

zu werfen, hieße es, hat er gesagt, den »Rohen und Frechen« zu predigen, die man mit den zehn Geboten und dem Sachsenspiegel treiben müsse wie Vieh und Hund!
So erfolgreich Luther als Prediger für alle Welt war: als Gemeindepfarrer – »Ihr habt mich satt und ich habe euch satt!« – war er, der Poet und Artist, trotz allen redlichen Mühens um eine biblia pauperum, kaum am richtigen Platz – und er wußte darum: Auf die Dauer war's nicht seine Sache, sich, wie er sagte, »aufs Tiefste herunterzulassen« und über Schriftworte predigen zu müssen, die der gemeine Haufen ohnehin nicht verstünde. (Darum die Sehnsucht, auf der Kanzel, nach Kolleg und Katheder.)
Martin Luther war ein Schriftsteller, der, wenn er »er selbst« bleiben wollte, eine Diktion schreiben mußte, die von den Gebildeten verstanden wurde und nicht von jedermann: Aber die Kirche des Pastors zu Wittenberg, der, soweit er sich auch herabließ, dennoch über die Köpfe hinwegredete ... die Kirche Luthers war nun einmal ein Gotteshaus wie jedes andere, ein ganz gewöhnlicher Gemeindesaal: »Es sind jetzt wenig Knaben, Mägdlein und Frauen, die herzugehen. Es tut mir weh, wie kalt ihr euch stellt.«
In Rom gefürchtet und in Wittenberg – auch wenn hier und da »ein großer Haufe« kam – als Prediger eher erfolglos (Herder, später, ist es kaum besser ergangen): Das war das Los eines Schriftstellers, der Lehrer von Predigern war, aber – schon wegen seiner Mißachtung der »Einfältigen«: »ich wollte lieber den tollen Hunden predigen!« – kein Volksprediger im eigentlichen Sinne des Worts – vielmehr ein Mann, der dem Volk aufs Maul schaute und von ihm lernte, sich jedoch wohlweislich hütete, ihm nach dem Munde zu reden. Dafür gab er sich zu herablassend mit seiner Kunstpädagogik *in usum Delphini* und argumentierte zu sehr von oben herab mit der auf die Wahrung von Lehrzucht bedachten Didaktik zum Nutzen einfacher Leute, die, um nicht ins »Flattern« wie die Schwärmer zu geraten, getrost Bilder für wahr halten sollten, in denen die Wissenden nur Zeichen und Symbole erblickten: die Höllenfahrt Christi zum Beispiel und die Fahne, mit der

Jesus angeblich zu den Toten hinabstieg. »Dabei«, heißt es in der Karsamstagpredigt von 1538, »sollen die Kinder und gemeine man (!) bleiben.«

Literat, der er war, Luther, Pädagoge in litteris, konnte er, ungeachtet seiner aufs Einfache und Bilder-Biblische abzielenden Kunstauffassung dem clerus minor des »Pöfels« gegenüber hoffärtig sein wie's Melanchthon nie gewesen ist – und war doch, wiederum als Literat, zugleich von der Demut und Bescheidenheit dessen, der wußte, wie viel ihm noch zur Meisterschaft fehle: Sein Deutsch sei nicht gut genug, er müsse seinen Wortschatz durch Sprichwortsammlungen, Lektüre und Reisen erweitern; bescheidene Vertrautheit und allzu flüchtiger Umgang reichten nicht aus, um einen schwierigen Text in jedem Fall zu verstehen – Luthers letzte Notiz: »wir sind Bettler« –, es fehle an Experienz und langlangem Dabeisein; er sei noch nicht fertig und habe vor allem zu lernen, der von Natur gesetzten Grenzen innezuwerden – zum Beispiel zu erkennen, daß er, um manche Passagen der Bibel sachgemäß zu übersetzen, schlichtweg nicht lustig genug sei.

Martin Luther – ein Meistersänger, der in der »Schul« so gut zuhaus war wie im »Gemerk«: Poet und Kritiker (der »Sendbrief vom Dolmetschen«!) in Personalunion – ein Mann der Zunft, der, in der Auseinandersetzung mit den großen Scharrhansen, den Maulhelden von Rittern, die Feder – und nicht den Federbusch – als »das oberst in der Welt« beschrieb und das Schreiberamt – »Eine Predigt, daß man Kinder zur Schule halten solle« – als ein Geschäft feierte, bei dem des Menschen bestes Stück – der Kopf – und das edelste Glied – die Zunge – und das höchste Werk – die Rede – herhalten müsse: »Drei Finger tuns (sagt man von Schreibern). Aber ganz Leib und Seele arbeiten daran.« Nicht gegen die Macht des türkischen Kaisers, hat Luther in seiner Predigt über die Schule, seinem Hohelied auf Kunst und Wissenschaft, gesagt, und nicht gegen alle Güter der Welt würde er die gewonnene Stellung eines Schreibers aufkündigen. Lieber Bettelschüler mit der Feder als ein Herr der Welt: so das Glaubensbekenntnis eines Poeten, der sich als Knecht eines anderen und größeren Machers verstand – als Knecht Gottes, dessen Werk – und Gedicht! – wir gemäß dem Paulus-Wort Epheser 2, 10 seien. Werk und Gedicht des Schöpfers, der, was tragisch beginnt, zum guten lustspielhaften Ausgang führen könne: *talia enim sunt divina poemata.*

Ipse poeta est, heißt es in Luthers letzter großer Vorlesung, dem im November 1545 abgeschlossenen Genesis-Kolleg, *nos versus sumus et carmina quae condidit*: Gott selbst ist der Dichter, wir sind seine Verse. Wir sind die Gedichte: Er hat sie geschrieben.

Dies, denke ich, ist, auf die Formel gebracht, Leitspruch und Testament eines Schriftstellers, der sein Leben dazu nutzte, die *divina poemata* als eine göttliche Komödie, die in Deutschland spielt, nachzuerzählen.

Dieser Vortrag weiß sich folgenden Arbeiten in besonderer Weise verpflichtet:

Erwin *Arndt*, Luthers deutsches Sprachschaffen, Berlin 1962

Arnold E. *Berger*, Martin Luther in kulturgeschichtlicher Darstellung, 2. Teil, 2. Hälfte: Luther und die deutsche Kultur, Berlin 1919

Heinrich *Bornkamm*, Luther als Schriftsteller, Heidelberg 1965

ders., Das Wort Gottes bei Luther, in: Luther. Gestalt und Wirkungen. Gesammelte Aufsätze, Gütersloh 1975, S. 187–211

Paul *Bühler*, Die Anfechtung bei Martin Luther, Zürich 1942

Heinz Otto *Burger*, Luther als Ereignis der Literaturgeschichte, in: Luther-Jahrbuch XXIV, 1957, S. 87–101

Hans Freiherr von *Campenhausen*, Reformatorisches Selbstbewußtsein und reformatorisches Geschichtsbewußtsein bei Luther, Archiv für Reformationsgeschichte 37, 1940, S. 128–150

ders., Die Bilderfrage in der Reformation, Zeitschrift für Reformationsgeschichte, Vierte Folge VI, LXVIII. Band, 1957, S. 97–128

Johannes *Erben*, Luther und die neuhochdeutsche Schriftsprache, in: Deutsche Wortgeschichte, herausgegeben von Friedrich Maurer und Heinz Rupp, 3., neubearbeitete Auflage, Band 3, Berlin/New York 1974, S. 508–581

Gerhard *Hahn*, Evangelium als literarische Anweisung. Zu Luthers Stellung in der Geschichte des deutschen kirchlichen Liedes, Gütersloh 1981

Karl *Holl*, Luthers Urteile über sich selbst, in: Gesammelte Aufsätze zur Kirchengeschichte, I, 6, neu durchgesehene Auflage, Tübingen 1932, S. 381–419

ders., Luthers Bedeutung für den Fortschritt der Auslegekunst, a. a. O., S. 544–582

Gerhard *Kettmann* und Joachim *Schildt* (Hrsg.), Zur Literatursprache im Zeitalter der bürgerlichen Revolution, Berlin 1978
Bernhard *Lohse*, Martin Luther. Eine Einführung in sein Leben und Werk, München 1981
Ulrich *Nembach*, Predigt des Evangeliums. Luther als Prediger, Pädagoge und Rhetor, Neukirchen-Vlyn 1972
Hans *Preuß*, Martin Luther. Der Künstler, Gütersloh 1931
Gustav *Roethe*, D. Martin Luthers Bedeutung für die deutsche Literatur, in: Deutsche Reden. Berlin o.J., S. 135–171
Birgit *Stolt*, Studien zu Luthers Freiheitstraktat, Acta Universitatis Stockholmiensis, Stockholmer Germanistische Arbeiten 6, Stockholm 1969
Hermann *Werdermann*, Luthers Wittenberger Gemeinde, Gütersloh 1929
Hans *Wernle*, Allegorie und Erlebnis bei Luther, Bern 1960
Erich *Vogelsang*, Der angefochtene Christus. Arbeiten zur Kirchengeschichte 21, 1932
Herbert *Wolf*, Eine Einführung in germanistische Luther-Studien, Stuttgart 1980.

Quellennachweise

Geist und Macht. Literatur und Politik in Deutschland.
Gehalten am 18. April 1983 im Zeremoniensaal der Wiener Hofburg.
Wiederholt u. a. im Rathaus zu Hamburg und in der Universität Mannheim.
Nathan der Weise aus der Sicht von Auschwitz. Juden und Christen in Deutschland.
Gehalten am 10. Mai 1982 in der Lessing-Hochschule Berlin,
am 27. Mai 1982 in der Karl-Marx-Universität Leipzig
am 5. Januar 1983 vor der Freien Akademie der Künste zu Hamburg.
»Die alten Zeiten niemals zu verwinden.« Aus Anlaß des 50. Jahrestages der Bücherverbrennung in Deutschland.
Gehalten am 8. Mai 1983 in der Akademie der Künste zu Berlin.
Hippokrates und Holocaust. Von der Verantwortung des Wissenschaftlers in finsterer Zeit.
Gehalten am 31. März 1984 auf dem 4. Medizinischen Kongreß zur Verhinderung eines Atomkriegs in Tübingen.
Nachdenken über Heimat. Fremde und Zuhause im Spiegel deutscher Poesie.
Gehalten am 27. Mai 1984 anläßlich der Festveranstaltung »75 Jahre Schwäbischer Heimatbund« im Neuen Schloß zu Stuttgart.
Theologie und Literatur. Möglichkeiten und Grenzen eines Dialogs.
Gehalten am 7. Mai 1984 zur Eröffnung des Internationalen

Symposions »Theologie und Literatur« an der Universität Tübingen.
Wiederholt in der Universität Wien.
Der arme Jesus. Über die Notwendigkeit einer verfremdenden Betrachtung biblischer Texte.
Gehalten am 25. Mai 1983 aus Anlaß des Symposions »Ein neues Paradigma von Theologie?« in der Kirche zu Bebenhausen.
... und habe Euch doch geliebt – Gedanken über den paulinischen Christus.
Gehalten am 11. Juli 1983 während des Evangelischen Kirchentags in Hannover.
Das Gleichnis vom barmherzigen Samariter. Von der Liebe des Nächsten.
Gehalten am 25. Juli 1982 aus Anlaß des 550jährigen Bestehens des Eduard-Spranger-Gymnasiums in Landau/Pfalz.
Wiederholt in Halle/Saale und Magdeburg.
Martin Luther. Prediger, Poet und Publizist. Zur Erinnerung an den Geburtstag des Reformators vor 500 Jahren.
Gehalten am 10. November 1983 beim ökumenischen Geburtstagsmahl zu Ehren des Reformators im Dominikanerkloster zu Frankfurt/Main.
Wiederholt u. a. in den Universitäten Gießen, Greifswald, Rostock, Tübingen sowie in Hamburg, Helsinki, Stockholm und Wittenberg.